Arne Völkel

Ausgebrannt für Jesus?

Was Christen auslaugt – und was sie aufbaut

scm R.Brockhaus

Die Edition AUFATMEN
erscheint in Zusammenarbeit
zwischen dem R. Brockhaus Verlag Wuppertal
und dem Bundes-Verlag Witten
Herausgeber Ulrich Eggers

Umschlag: Dietmar Reichert, Dormagen
Satz: Satz & Medien Wieser, Stolberg
Druck: Jesusbooks, Großburgwedel
ISBN-10: 3-417-24490-0
ISBN-13: 978-3-417-24490-8
Bestell-Nr. 224.490

Inhalt

Für Ruth

Vorwort

Ständig werden wir dazu angehalten, besser als andere zu sein, dynamisch und voller Tatendrang. Wir leben in einer Kultur, die verlangt, sich gut zu verkaufen. Daran gewöhnt, machen wir uns kaum mehr bewusst, dass wir keine Sachen sind, die zu Markte getragen werden wollen. Allzu gerne lassen wir andere über unser wahres Befinden im Unklaren. Gleichzeitig nehmen die psychisch-körperlichen Zusammenbrüche zu.

»Burnout« ist ein Phänomen unserer Zeit. Viele fühlen sich ausgeliefert an eine Leistungsgesellschaft, die immer mehr fordert, als wir (früher oder später) zu geben vermögen. Längst sind auch Männer und Frauen in Leitungspositionen nicht mehr sicher vor Kündigung. Immer mehr Menschen stehen am Rande ihrer Belastungsfähigkeit. Bedrückend ist, dass die christliche Gemeinde nicht immer ein Ort ist, der die Überlastung abmildert oder ausgleicht. Manchmal scheint sie sogar negative Entwicklungen zu beschleunigen. Was haben wir am Christsein falsch verstanden, wenn uns der Glaube nicht Flügel verleiht, sondern schwer wie Blei an den Füßen hängt? Was treibt dazu an, den Glauben an den gnädigen Gott in Unbarmherzigkeit gegen sich selbst zu verkehren?

Bei der Beschäftigung mit meinem Thema dachte ich daran, meine eigenen Erfahrungen mit einfließen zu lassen. Denn ich kenne das Gefühl, mich zu verausgaben und in der Arbeit regelrecht unterzugehen, nur zu gut. Und ich weiß, was es bedeutet, den Kontakt zu mir selbst zu verlieren und mit meinen persönlichen Bedürfnissen zu kurz zu kommen. Hinzu kommt zeitweise der Eindruck, mich von Gott entfernt zu haben. Andererseits: Leiden wir unter chronischer Erschöpfung, durchblicken wir meist unsere Situation nicht mehr. Brennen wir aus, hängen die einzelnen Ursachen und Umstände in der Regel sehr stark miteinander zusammen. Eine systematische Betrachtung des Burnouts könnte also etwas Ordnung ins Chaos bringen.

Aufgrund der vielfältigen Aspekte dieses Themas habe ich mich im ersten Teil meines Buches für einen überwiegend biografischen Ansatz entschieden. Es ist meine Geschichte. Sie kann helfen, sich selbst zu entdecken und Warnsignale des eigenen Köpers, der eigenen Seele und bestimmter Umstände ernst zu nehmen. Mancher wird sich in meinen Erfahrungen wieder finden und zugleich feststellen, dass Erschöpfungszustände und Burnout keiner festgelegten Ordnung folgen.

Geht uns langsam die Luft aus, lassen sich dafür jedoch Symptome und Zusammenhänge aufzeigen. Der zweite Buchteil liefert deshalb eine kleine Schule der Burnout-Prävention. Für Erschöpfungszustände gibt es systembedingte Zusammenhänge, frühzeitig erkennbare Auslöser, die ein körperliches und seelisches Ausbrennen begünstigen. Ungünstige Faktoren spezifisch christlicher Lebens- und Gemeindegestaltung können einen Burnout noch zusätzlich fördern. Überfordernde Frömmigkeit und belastende Theologie sind dafür ebenso verantwortlich wie ungünstige Gemeindestrukturen.

Pastoren und Mitarbeiter stehen immer wieder vor der Frage, wie ihr Dienst in der Gemeinde zu gesunden Grenzen findet, ohne seine Leidenschaft zu verlieren. Im dritten Teil habe ich die Burnout-Problematik in diesem Zusammenhang bedacht, wobei besonders der Aspekt der Berufung in den Blick rückt.

Der Schlüssel zur Veränderung liegt bei alldem in unserer eigenen Hand! Ich brauchte einige Zeit, um diese Wahrheit anzunehmen, und länger noch, um sie praktisch umzusetzen. Aber wo sich der Burnout ankündigt (oder schon stattgefunden hat), ist diese Veränderung unbedingt erforderlich.

Einige Leser wird dieses vielleicht anregen, Betroffenen verständnisvoller zu begegnen. Anderen wird es womöglich helfen, ihrem drohenden Burnout noch rechtzeitig auszuweichen oder zumindest besser zu verstehen, weshalb es dazu kam. Mir selbst ist beim Schreiben bewusst, dass ich mit diesem Thema nicht fertig bin. Immer wieder neu gilt es, gut auf uns Acht zu geben. Lasst uns gemeinsam wachsam bleiben!

Dortmund, Dezember 2005

Teil 1:

Mit Jesus ins Minus?

Wenn Christen die Luft ausgeht

Vollmächtig wie Jesus

Verzweifelte Jünger wecken den im Boot schlafenden Jesus auf. Der sieht den wütenden Sturm ringsherum und fragt seine Jünger: »Was seid ihr so furchtsam? Habt ihr noch kein Vertrauen?« (Matthäus 8,26)

Ich wünschte, ich wäre so vollmächtig wie Jesus! Aufstehen und weise, erstaunliche, wesentliche Worte sprechen, voller Selbstvertrauen souverän allen Gefahren und Widrigkeiten trotzen. Aber der Sturm legt sich nicht auf mein Wort hin, so viel ich auch rede und analysiere, und alles Rudern bringt auch nicht aus dem Sturm. Dann beginnst du die Krise zu managen. Was könnte ich noch tun, verändern, wo sind Handlungsspielräume? Die Räume werden immer enger, bis du dir schließlich keinen Rat mehr weißt. Es ist wie eine große Welle, die auf dich zurollt, dich packt und hinauszieht ins Meer. Keine Chance. Es zieht dir den Boden unter den Füßen weg.

Da geht es uns wie den Gottesdienern der Bibel. Was wir als Burnout bezeichnen, ist auch ein Thema des Alten und Neuen Testaments. Da ist z. B. der bienenfleißige Mose, der glaubte, allein für Recht und Ordnung im ganzen Volk sorgen zu müssen (2. Mose 33,12ff). Da ist Elia, der in die Wüste floh, weil er der psychischen Belastung seines Auftrags nicht mehr standhielt (1. Könige 19,1-16). Damit ging es ihm wie dem Kollegen Jeremia, den die Halsstarrigkeit des Volkes Kopf und Kragen kostete (Jeremia 20,7-18), und den Jüngern Jesu, die Zweifel an dem Sinn ihres Einsatzes für ihn hegten (Lukas 18,28-30). Da ist ihr Herr selbst, der angesichts seiner Verhaftung angstvoll nach einem Ausweg suchte (Markus 14,32ff), und Timotheus, den die fortwährenden Auseinandersetzungen mit seinen Kritikern an den eigenen Fähigkeiten zweifeln ließen (1. Timotheus 4,13ff). Die Reihe der biblischen Gestalten, die zusammengebrochen sind, lässt sich weiterführen, und nahtlos schließen sich jene an, die ihnen in der Kirchengeschichte folgten.

Die Droge Anerkennung

Die ersten Berufsjahre ging ich unbekümmert, mit viel Schwung und Begeisterung an. Ich sprühte geradezu vor Ideen, alles war sehr aufregend, neu und spannend. Die Arbeit machte mir Freude und Anfangserfolge sowie die Zuwendung der Menschen spornten mich zu großen Anstrengungen an. Glückliche Jahre, in denen ich nicht spürte, wenn ich mich am Limit meiner Belastbarkeit bewegte. Körperliche Ermüdung spürte ich kaum, zu wenig Schlaf steckte ich weg, denn ich hatte ein ungeahntes Lebenselixier geschlürft: Erfolg und die Freude an der Anerkennung. Es gab auch Probleme, aber weil ich mit einem gesunden Selbstvertrauen ausgestattet war, mochte ich meiner Seele nicht viel Zeit lassen, darüber nachzudenken. Mehr noch: Ich achtete immer weniger darauf, wie es dem »kleinen Arne«[1] in mir ging. Zu spät merkte ich, dass der seinen Sport vermisste, das Spiel und die pure Freude am Leben. Die Droge Anerkennung wirkte und bediente ein Defizit meiner Seele, dessen ich mir damals noch nicht bewusst war.

Ich fuhr in den Urlaub und nahm mir, wie damals gewohnt und selbstverständlich, eine Menge an Büchern und Aufsätzen mit. Keine Romane, sondern überwiegend Fachliteratur, die abzuarbeiten ich mir vornahm. Urlaube boten die wunderbare Gelegenheit, mir kostbares Wissen anzueignen, was im laufenden Alltagsbetrieb kaum möglich war. Danach kehrte ich gewöhnlich mit einer gewaltigen Ideensammlung an meinen Arbeitsplatz zurück. Urlaube erbrachten immer wieder sensationelle Ergebnisse. Die Arbeit lief anschließend wieder wie geschmiert, und neu motiviert stellte ich mich den Herausforderungen. Die Arbeitsfelder dehn-

---

[1] Willy Weber, Entdecke das Kind in dir!, R. Brockhaus Verlag Wuppertal 2005

ten sich aus und ich musste feststellen, dass die Kreise sich von Mal zu Mal weiter zogen. Einzelne Absagen veränderten nichts Durchgreifendes am zunehmenden Arbeitsaufwand. Im Gegenteil. Aufgaben wuchsen mir zu wie Äpfel am Baum. Allein, es bildeten sich weniger schnell neue Äste, das heißt Arme und Kräfte, die die zunehmende Last tragen konnten. Allmählich realisierte ich, dass es mit Kosmetik am Zeitmanagement und gesteigerter Arbeitsdisziplin allein nicht getan war.

Schließlich kam wieder einmal ein herbeigesehnter Urlaub. Aber vier Wochen später war eines nicht zu leugnen: Ich fühlte mich keinesfalls erholt! Es war, als wäre ich nie weg gewesen. Erst später wurde mir klar: Einfach »mal ausspannen« ist bei drohendem Burnout wirkungslos. Aber diese Einsicht des Kopfes bahnte sich immer noch nicht ihren Weg ins Herz. Sie drang nicht zu meinen Gefühlen durch und noch weniger zu meinem Handeln.

Der Wunsch, beliebt zu sein

Meine Seele beschwerte sich zunehmend und heftig durch körperliche Symptome. Langsam dämmerte mir, dass ich neben Familie, Gemeinde und anderen Pflichten auch für mich sorgen musste. Merkwürdig war, dass mir das schwerer fiel, als mich den Belangen anderer Menschen und Aufgaben zuzuwenden. Dort nahm ich dankbare Rückmeldungen wahr, die bei der Beschäftigung mit mir ausblieben.

Es ist ein gutes Gefühl, gebraucht zu werden. Bis ich merkte, wie dünn das Eis war, auf dem ich mich bewegte. Denn wir alle sehnen uns danach, angenommen und um unserer selbst willen geachtet zu sein. Eine Stimme in uns ruft: Liebe mich so, wie ich bin, und nicht das Bild, das du von mir hast!

Erinnerungsstücke

In meinem Arbeitszimmer habe ich ein Regalfach für persönliche Erinnerungsgegenstände reserviert. Dort deponiere ich all die Dinge, mit denen ich persönlich wertvolle Eindrücke verbinde: ein Foto meiner verstorbenen Mutter mit den Kindern, einen Briefbeschwerer, den mir die Teilnehmer eines bewegenden Seminars schenkten, ein Sektglas, das mich an eine große Feier- und Feststimmung in meiner früheren Gemeinde erinnert. Daneben ein grünes Käfermodell – das Auto, das meine Frau fuhr, als wir uns in Studententagen besuchten.

Auf dem Regal der Erinnerungen findet sich auch eine Holzspitze, die mich über Jahre mahnte, meine zeitweise Unbeherrschtheit gegenüber den Kindern zu zügeln. Bei einem gemeinsamen Grillen am offenen Lagerfeuer hatte ich eine unserer damals noch kleinen Töchter grob angefahren. Kaum ausgesprochen, schmerzten mich meine harschen Worte sehr. In die großen Augen des Kindes stand verstörtes Unverständnis geschrieben, und das löste eine Welle von Schuldgefühlen in mir aus. Mit meinem unmotivierten Zorn hatte ich die Seele meines geliebten Kindes verletzt und meine Entschuldigung und Bitte um Vergebung änderte daran nichts. Aus dem Urlaub zurückgekehrt, hängte ich die Spitze ihres Grillstocks an das Kreuz über meinem Schreibtisch an der Wand. Es hat mich über Jahre stumm begleitet und im Namen Jesu immer wieder ermahnt: »Der Zorn eines Mannes wirkt nicht Gerechtigkeit vor Gott« (Jakobus 1,20) und »Ihr Väter, behandelt eure Kinder nicht zu streng, damit sie nicht entmutigt werden« (Kolosser 3,21).[2]

---

[2] Die Übersetzung der Gute Nachricht Bibel »behandelt eure Kinder nicht zu streng« hat im Griechischen die Bedeutung von aufreizen, aufregen, herausfordern, erzürnen. Das falsche Verhalten der Eltern löst also eine heftige Reaktion des Kindes aus. Der Nachsatz stellt eine andere, nicht aggressive, sondern angepasste Kindsreaktion heraus: »... damit sie nicht entmutigt werden!« Besonders empfindsame und feinfühlige Kinder verlieren den Mut, oder (wie man auch übersetzen kann) werden scheu, wenn ihnen die Härte elterlicher Verhaltens oder elterlicher Worte unverständlich sind.

Besonders lieb auf dem Regal der Erinnerungen ist mir darum eine Duschlotion, die ich zum 40. Geburtstag geschenkt bekam. »Happy Birthday, Papa!«, steht darauf, »damit du auch im hohen Alter frisch und munter bleibst. Hab dich lieb.« Solche Geschenke machen mich glücklich, weil sie mich sehen und mich meinen, weil es hier nicht um Beliebtheit geht, sondern um Geliebtsein. Nicht weil ich ein herausragender Vater wäre, sondern weil ich mitsamt meinen Fehlern dennoch geliebt bin. Das verstehen, so habe ich entdeckt, bedeutet auch, das Geheimnis des Glaubens erfassen.

Geistlich-grippale Infekte

Geistlich-grippale Infekte habe ich einige kennen gelernt. Nach Euphorie und schier unerschöpflichem Tatendrang kam die Stagnation. Die Räder liefen zäh, wie die der Ägypter im Roten Meer. Ich spürte das Wasser der Anstrengung steigen und die Flut der in Bewegung gesetzten Aktionen zurückkehren, um mich schließlich zu überspülen. Bis dahin war ich dem unmittelbaren Gefahrenbereich rechtzeitig entkommen. Doch diesmal war es anders. Ich geriet in eine ungekannte Frustration. Die Arbeit machte keinen Spaß mehr. Kaugummibetrieb mit vereinzelten Lichtblicken. Ich erwachte nachts mit heftigem Herzklopfen. Dazu einen Druck auf demselben Organ, den ich nie zuvor gespürt hatte. Als läge eine schwere Last darauf, die den Atem raubte und sehr bedrohlich war. Angstgefühle, anbrandenden Wellen gleich, durchwogten mich, Herz und Seele badeten mich in Schweißausbrüchen. So etwas hatte ich nie zuvor erlebt. Ich war ratlos. Als der Tag kam, war alles vorbei. Wie ein verscheuchter böser Traum.

Abhängigkeit von Menschen

Später meldeten sich die Probleme wieder. Ich ging zum Arzt. Der konnte nichts feststellen und erkundigte sich, ob ich möglicherweise zu viel getrunken oder geraucht hätte. Fehlanzeige. So blieb es bei der Diagnose »kein organischer Befund«. Meine Beschwerden hatten also mit der Seele zu tun. Auffällig war, dass neben Stress und Zeitdruck vor allem Auseinandersetzungen mit Menschen und Widerstände die genannten Symptome hervorriefen. Doch wo immer Menschen aufeinander treffen, sind Schwierigkeiten und Auseinandersetzungen unvermeidlich. Ich fühlte mich nicht nur in meiner Arbeitsleistung von meinen Kritikern infrage gestellt, sondern ganz persönlich, mehr, als ich es mir eingestehen wollte.

Ich fragte mich, warum Gott nicht eingriff. Als ich nichts von ihm hörte und spürte, wurde ich innerlich unausgeglichen, fahrig in meinen Gedanken und Absichten und verlor die Freude an Gebet und Bibellese. Mein Gottvertrauen litt erheblich, denn ich stand vor der Wahl, mich Menschen anzupassen oder mich ihnen zu widersetzen. Ich tat Letzteres und übersah dabei, dass es dieselben Menschen waren, von deren Wohlwollen und Zuneigung ich mich in hohem Maße abhängig gemacht hatte. Das Ergebnis war deprimierend. Mir ging es mit meinem Widerspruch und Widerstand noch schlechter als zuvor und ich fühlte mich zunehmend ausgenutzt.

Merksätze

- *Einfach mal ausspannen ist bei drohendem Burnout wirkungslos.*
- *Es geht nicht darum, beliebt zu sein, sondern geliebt zu werden.*
- *Wenn ich mich zu sehr von der Zustimmung oder Ablehnung anderer Menschen abhängig mache, sind Probleme vorprogrammiert.*

Wo stehe ich?

Aus eigener Kraft

Der Umgang und Kontakt mit anderen Menschen ist mir wichtig und ich stelle fest: Weil mir Menschen viel bedeuten und ich gerne mit ihnen zusammenarbeite, trifft es mich besonders hart, wenn ich mich von ihnen allein gelassen fühle. Was also einerseits eine Stärke von mir ist – auf Menschen ohne Scheu zuzugehen, an ihren Fragen und Problemen teilzunehmen und mich ihnen gegenüber persönlich zu öffnen –, verleitet andererseits dazu, mich mehr auf Menschen als auf Jesus zu verlassen.

Saul war der erste König Israels. Nach anfänglicher Hingabe an Gott entfernte er sich zunehmend von ihm. Seine Geschichte ist so menschlich, wie die Versuchung, der er erlag, weit verbreitet ist. Was ihn zu Fall brachte, war zum einen seine Menschenfurcht und zum anderen, dass er Menschen unbedingt gefallen wollte. Darüber hinaus versuchte er, den Erfolg in der Schlacht aus eigener Macht herbeizuführen, statt auf Gottes Eingreifen zu warten. Deshalb wurde er von Gott verworfen. Davon berichten uns die Kapitel 13 und 15 des 1. Samuelbuchs.

Was war passiert? Als sich die Philister zum Kampf mit Israel sammelten, liefen Sauls Männer davon. Sie hatten Angst. Ihr König reagierte kopflos und brachte selbst das vorgeschriebene Opfer dar, was allein dem Priester vorbehalten war. Saul misstraute Gottes Beistand und rechtzeitigem Eingreifen. Lieber verließ er sich ganz auf die Verlässlichkeit und den Schutz seiner Leute und auf seine eigene Kraft. Dabei wollte er durchaus den Auftrag Gottes erfüllen und für das Volk den Kampf aufnehmen. Durch Samuels Vermittlung hatte er auch sein Ohr ganz nah an Gottes Mund. Doch diese denkbar günstigen Bedingungen schützten Saul nicht vor dem Scheitern durch Menschenfurcht und Eigenmächtigkeit.

Menschen gefallen wollen

Familienmitglieder, Vorgesetzte, Mitarbeiter und Leute, die mir nicht gut gesonnen sind, beeinflussen mich. Ihr Drängen, ihre Unsicherheit, ihre Angriffe setzen mir zu. Dann scheint nichts nahe liegender, als meine Furcht durch Aktivität zu vertreiben. Wird's eng, muss irgendetwas getan werden. Leicht vergesse ich, dass Aktionismus in der Regel eine Sackgasse ist. Wo ich agiere, *damit* irgendetwas geschieht, folge ich demselben durchschaubaren Bedürfnis, das Saul zum Verhängnis wurde.

Im Krieg gegen die Philister überkam ihn die pure Angst. Nicht die Angst vor den großen Herausforderungen (die können sehr motivierend sein). Der entscheidende Punkt war, dass Saul zunächst tatenlos abwarten sollte, während die anderen sich verkrochen. Die Angst des Heeres griff auf ihn über. Sieben Tage wartete er auf die versprochene Ankunft Samuels, der das Opfer darbringen sollte. Dann hielt es Saul nicht mehr aus: »Da ich sah, dass mich das Volk verließ und sich zerstreute«, gestand Saul dem verspätet eingetroffenen Samuel, »als (...) du aber nicht zur bestimmten Zeit kamst (...), wagte ich es und brachte das Opfer (selber) dar« (1. Samuel 12,11-13). Saul versuchte die Furcht seiner Krieger zu vertreiben, indem er sich den Priesterdienst anmaßte. Er benutzte das Opfer, um Menschen für sich zu gewinnen. Weil ihn die Angst trieb, verspielte er seine Autorität. Geistliche Autorität erhalten wir nicht durch die Zustimmung oder gar Bewunderung von Menschen. Christus schenkt sie Menschen, die sich einzig auf ihn verlassen. Solche Menschen rüstet er mit Vollmacht aus. Mit seinem eigenmächtigen Handeln weckte Saul zwar Aufmerksamkeit und das Volk blieb tatsächlich noch eine Zeit lang bei ihm. Aber Saul erkannte sehr bald, dass auf der ganzen Unternehmung kein Segen mehr ruhte.

Menschenfurcht

Mit meiner Menschenfurcht habe ich Gott manches Mal die Ehre genommen. Wenn ich dann scheiterte und mich verletzt fühlte, war es nicht sein Rückzug von mir, der schmerzte, sondern meine Schuld, in die ich mich hineingeritten hatte. Kaum etwas anderes hat mir so rasch und gründlich das Vertrauen auf Gott entzogen wie die Versuchung, mich mehr auf Menschen als auf ihn zu verlassen oder Dinge selber machen zu wollen.

Vielfach hat Gott die geistlichen Führungspersönlichkeiten seines Volkes zu einer Entscheidung für oder gegen ihn herausgefordert: Mose, der vom Volk hart attackiert wurde (4. Mose 14,1-9), Gideon vor der Auseinandersetzung mit den Midianitern (Richter 7), Elia, der vor Isebel in die Wüste floh und sterben wollte (1. Könige 19), König Ahas, der sich auf die Assyrer verließ (Jesaja 7), Jeremia, der Gott Vorwürfe machte (Jeremia 15,10ff). Sie alle sind durch den Widerstand von Menschen erprobt worden. Gott will wissen, auf wen wir unser Vertrauen setzen und wer uns wichtiger ist. Nach dem Sieg über die Philister handelte Saul seinen Soldaten zu Gefallen, weil er andernfalls befürchtete, ihre Sympathie zu verlieren. Das wurde ihm im weiteren Verlauf seiner Regentschaft endgültig zum Verhängnis (1. Samuel 15). Er gab dem Volkswillen nach, das Gebannte, das verbotene fremde Eigentum, als Beute zu nehmen, und gab damit Gottes Willen der Lächerlichkeit preis. Dieselben Menschen, die ihn eben noch im Stich ließen, waren es nun, um deren Gunst er buhlte. Dadurch verwirkte der Gesalbte Gottes endgültig seinen Führungsauftrag und Gottes Segen.

Saul war ein großer Kriegsherr, der sich vor keinem erklärten Gegner fürchtete. Aber er war ein Mann, den die Angst überfiel, als er den gottgegebenen Auftrag gegen Widerstände im eigenen Lager durchhalten sollte. Allein und ganz und gar auf Jahwe gestellt, kündigte er ihm das Vertrauen auf. Den Blick auf die Männer an seiner Seite geheftet, erklärte er Gott sein Misstrauen. Es kann sein, dass du wer weiß was auf die Beine stellst, große Dinge vorhast und gewaltig marschieren möchtest. Doch wenn wir nicht vertrauen lernen, werden wir scheitern wie Saul.

Christusherrschaft

Das Thema dieser Königsgeschichte ist immer wieder einmal auch mein Thema. Sauls Geschichte steht exemplarisch für die Tatsache, dass Menschen, mich eingeschlossen, Gottes Werk nicht vollenden können. Ich bin nicht in der Lage, zu tragen und zu verwirklichen, was allein Christus getragen und erwirkt hat. Diese an sich selbstverständliche Wahrheit ist mir dennoch in der Praxis immer wieder ein Stolperstein. Diese Wahrheit ist mir aber auch zu einer großen Entlastung geworden. König Saul sollte das Volk retten (1. Samuel 9,16). Diese Aufgabe überforderte ihn nicht, weil sie grundsätzlich unerfüllbar war. Sauls Fehler und Hochmut bestanden darin, die Last der Verantwortung alleine schultern zu wollen.

Mir ist diese Geschichte wichtig, weil sie die Verhältnisse zurechtrückt, mit denen ich täglich umgehe. Was König Saul aufgetragen war, ist mir nicht aufgetragen. Denn die Rettung von Menschen ist allein Gottes Sache! In Christus hat er bereits alles dafür getan. Jesus erwartet keineswegs von mir, sein Kreuz auf mich zu nehmen. Christusnachfolge bedeutet nicht Stellvertretung Christi! Die Bemühung um gute Gemeindearbeit und die damit mehr oder weniger einhergehende Leistungsschau verliert Maß und Ziel, wo sie die gottgewollte Ordnung durchbricht. Dass Gott seine Ehre keinem anderen lässt (Jesaja 42,8), ist mir zum Schutz vor grenzenloser Selbstüberforderung gesagt. Denn das bedeutet: Meine Wirkung und mein Einfluss auf Menschen haben nie größeres Gewicht als das Ja Gottes zu mir. »Ist Gott für mich, was sollen Menschen mir tun?«[3] – welch eine Freiheit!

---

[3] Bemerkenswert häufig thematisiert die Bibel das Thema Menschenfurcht (vgl. Psalm 56,12; 118,6). Offensichtlich ist es für uns ein wichtiges Thema, das uns auf unterschiedlichsten Ebenen mitmenschlicher Begegnung und Zusammenlebens begegnet.

Selbstbeschränkung

Wer sich zum Ziel setzt, Menschen zu retten, zeigt damit in Wahrheit nichts anderes als Hochmut, dem sich Gott entgegenstellt (1. Petrus 5,5). Menschen zu retten gehört nicht zum Berufsbild des Pastors! Ich mag mich gerne in dieser Rolle sonnen oder mich auch in sie drängen lassen, aber sie passt nicht zu meinem Auftrag. Wenn sich Paulus als Bittsteller an Christi statt versteht (2. Korinther 5,20), wahrt er damit nicht nur die Verhältnismäßigkeit zwischen Gott und Mensch. Der Apostel nimmt sich damit auch aus der Schusslinie von Erfolg und Misserfolg. Im Sinne Jesu ist das Reich Gottes mit einem Bauer vergleichbar, der guten Samen ausstreut und wartet, bis er aufgeht (Matthäus 13,24). Paulus hat gepflanzt und Apollos begossen (Bauerndienst), aber es ist Gott, der das Gedeihen schenkt (1. Korinther 3,6). Effektivität und Erfolg sind für mich durchaus Beurteilungskriterien meiner Arbeit, ebenso strategisches Planen und Entschlusskraft. Aber solche Qualitäten sind nicht von geistlicher Relevanz. Denn Geistliches wird allein aus Gottes Geist geboren (Johannes 3,6). Geistlich leiten und das Evangelium von der Erlösung lehren bedeutet vor allem einwilligen, dass Christus Herr ist.

In jungen Jahren zog ich in Auseinandersetzungen häufig den Kürzeren. Ich habe meine Schulzeit als lang anhaltenden Kampf erlebt, und die Bedingungen in meiner Familie, um ein gesundes Selbstbewusstsein zu entwickeln, waren nicht gerade ideal. Auf diesem biografischen Hintergrund ist mir Gottes Mahnung an Jeremia zum prophetischen Wort für mich persönlich geworden: »Du aber (...) erschrick nicht vor den Menschen, sonst sorge ich dafür, dass du dich wirklich vor ihnen wirst fürchten müssen« (Jeremia 1,17). Wenn ich Menschen gestatte, durch Andeutungen und Unterstellungen, durch Drohungen und Abwertung oder auch durch Lobeshymnen Einfluss über mich auszuüben, dann geschieht genau das, was Gott Jeremia wissen ließ. Dann – und tatsächlich *erst dann* – gibt es wirklich allen ernst zu nehmenden Grund, mich vor den Menschen zu fürchten. Dann nämlich, wenn ihr (Macht-)Gehabe mich dazu verleitet, mich selbst zu ihrem Opfer zu machen.

Fruchtbares Nichtstun

Alle warten auf mich! Da ist ein tolles Angebot. Der Termin war eigentlich für Freund oder Familie reserviert, aber nun diese tolle Chance. Irgendwie kann ich es wohl noch dazwischen schieben. So eilte ich öfter von Termin zu Termin. Je mehr ich mich äußerlich anstrengte, desto mehr verlor ich an innerer Substanz. Ich fühlte mich wie ein Automat, der auf Knopfdruck reagiert und Kunden bedient, Sprachhülsen produziert, aber nicht mehr mit Gott kommuniziert. Es gab eine Zeit, da war ich unerfahren und naiv genug zu glauben: Scheinbar wartet jeder und alles auf mich und ohne mich geht es nicht. Reagierte ich auf Ansprüche anderer nur sachlich, ärgerte mich ihr Verhalten dennoch. Reagierte ich unfreundlich ablehnend, beschäftigte mich anschließend zwar nicht die angetragene Aufgabe, aber die Auseinandersetzung mit meinem schlechten Gewissen. Bei Jesus sehe ich einen anderen Weg, mit den Erwartungen der Menschen umzugehen.

Markus 1,32-39 berichtet davon, wie Jesus sich zu Beginn seiner Wirksamkeit einige Zeit in Kapernaum aufhielt. Summarisch wird erzählt, dass er dort das Evangelium verkündete, viele Kranke heilte und nicht wenige Menschen von dämonischen Mächten befreite:

»Am Abend, als die Sonne untergegangen war, brachte man alle Kranken und Besessenen zu Jesus. Die Sabbatruhe dauerte vom Sonnenuntergang des Vortags bis zum Sonnenuntergang am Sabbat. Die ganze Stadt war vor der Haustür versammelt, und er heilte viele, die an allen möglichen Krankheiten litten, und trieb viele Dämonen aus. Und er verbot den Dämonen zu reden; denn sie wussten, wer er war. In aller Frühe, als es noch dunkel war, stand er auf und ging an einen einsamen Ort, um zu beten. Simon und seine Begleiter eilten ihm nach, und als sie ihn fanden, sagten sie zu ihm: Alle suchen dich. Er antwortete: Lasst uns anderswohin gehen, in die benachbarten Dörfer, damit ich auch dort predige; denn dazu bin ich gekommen. Und er zog durch ganz Galiläa, predigte in den Synagogen und trieb die Dämonen aus.«

Jesus war für die Menschen da, und sie dankten es ihm. Am Ende eines langen Tages folgte dann für Jesus eine kurze Nacht, denn noch vor Sonnenaufgang stand er auf und begab sich an einen einsamen Ort, um zu beten. Als die Jünger sein Fehlen bemerkten, folgten sie Jesus. Sie trafen ihn im Gebet versunken an. Aber das hinderte sie nicht, ihn mit vorwurfsvollen Worten zur Rede zu stellen: Was machst du hier? Alle warten auf uns und wollen dich sehen.

Wie hätten wir darauf reagiert? Mir machen solche Vorhaltungen leicht ein schlechtes Gewissen. Haben seine Jünger denn nicht Recht? So viele Menschen, die Jesu Hilfe brauchen ...! Statt sich auszuschlafen, um am anderen Morgen mit vollem Eifer und aller Hingabe bei den Hilfsbedürftigen zu sein, zieht Jesus sich zurück und betet. So etwas Uneffektives, wo ihm doch alle Türen offen stehen! Was muss, das muss, denken wir, und darum überrascht uns Jesu Antwort ebenso sehr wie die Jünger. Jesus hört, dass alle auf ihn warten, und er nimmt den Vorwurf in der Frage seiner Jünger wahr. Aber er reagiert nicht beleidigt, nicht aggressiv, auch nicht kleinlaut oder schuldbewusst. Jesus entscheidet sich – und geht!

Zeitweise überließ Jesus die Leute sich selbst. Er war für sie nicht jederzeit verfügbar. Hätten die Jünger das Sagen gehabt, wäre er bis zu seinem Lebensende in Kapernaum geblieben. Not gab es dort genug. Aber Jesus hatte sich ein Ziel gesteckt, dem er folgte. Das Evangelium sollten auch noch andere hören. »Was muss, das muss!« – Fragt sich nur: Was muss wirklich und was ist nur drängend?

Merksätze

- *Furcht lässt sich nicht durch Aktivität vertreiben.*
- *Ich bin durchaus nicht in der Lage, zu tragen und zu verwirklichen, was allein Christus getragen und erwirkt hat.*
- *Dass Gott seine Ehre keinem anderen lässt (Jesaja 42,8), ist mir zum Schutz vor grenzenloser Selbstüberforderung gesagt.*
- *Jesus zieht sich zurück und betet; er entscheidet sich – und geht!*

Wird's schon werden?

Wenn Sterne sterben

Entspannen, ausruhen, abschalten und neue Eindrücke sammeln – solche Maßnahmen greifen nicht bei Burnout. Ausgerechnet in der Urlaubszeit wurde unsere Familie mit der Anfrage einer anderen Gemeinde konfrontiert, ob ich nicht ihr neuer Pastor werden wolle, und schon im Vorfeld hatten sich diverse Aufgaben und Termine zu Türmen aufgestapelt. Bei aller Disziplin, da war nichts mehr zu machen. Burnout ist einem sterbenden Stern vergleichbar. Sterbende Sterne blähen sich im Endstadium ihres langen Lebens noch einmal auf, werden immer größer und gewaltiger, bis sie schließlich in einem kosmischen Inferno in sich zusammenstürzen.

Was war zu tun? Ein Seelsorgekurs, den ich besuchte, brachte mich auf die richtige Fährte. Danach ging es mir deutlich besser. Alles schien im Lot. Aber der Weg war erst begonnen, das dicke Ende sollte noch kommen. In den Wochen, die ich berufsbegleitend an einer Seelsorgegruppe teilnahm, hatte ich gelernt, mehr auf meine Gefühle zu hören und mich aufmerksamer mit mir selbst zu befassen. Und ich hatte ebenfalls die Erkenntnis gewonnen, dass ich nicht nur für andere da sein musste, sondern auch für mich selber zu sorgen hatte. Doch eine strapaziöse Bauplanungsphase gab mir dann ziemlich den Rest. Der innere Gemeindeaufbau stagnierte und mir fehlte die Kraft, andere zu ziehen. Der Frustration folgte die Apathie. Zeitweilig dachte ich über völligen Ausstieg und einen Gang zum Arbeitsamt nach. Keine allzu realistischen Gedanken, aber Träume erleichtern kurzzeitig das Leben. Menschen wurden mir zunehmend zur Last. Ich wich ihrer Nähe aus und wollte am liebsten allein sein. Oft schoss mir ein Refrain des Sängers Herbert Grönemeyer durch den Kopf: »Ich will nur meine Ruhe, ertrage ihre Blicke nicht; stammle resigniert: Es wird schon, mit versteinertem Gesicht ...«

Auf der Fahrt zu einem Seminar, das ich andernorts hielt, fand ich mich unwillkürlich im Selbstgespräch wieder: »Wer kümmert sich hier eigentlich um mich?«, hörte ich mich flüstern, und: »Du setzt dich hemmungslos gegen mich durch.« Es sprach das Gefühl in mir zu meinem Verstand, das Kind in mir zu meinem Eltern-Ich. Das sagte unberührt: »Eins geht noch!«

Falsche Engel

Das Schlimmste aber war, dass mir auch mein Glaube schwand. Die Zeit der Stille, die ich mit Gott immer so genossen hatte, verlor ihren zentralen Platz im Tagesablauf. Nicht, dass ich mir gar keine Zeit mehr dafür nahm. Aber ich war zu müde, um Gottes Zuwendung wahrnehmen zu können. Hinzu kamen Antriebsschwäche und drastisch abnehmende Freude an der Arbeit. Hatten mich Herausforderungen zuvor inspiriert und nach vorne getrieben, so erlebte ich sie nun als Bedrohung. Da merkte ich, dass sich endgültig etwas ändern musste. Gott und meinen Glauben wollte ich nicht verlieren.

Mir schwante, dass es wohl nicht der Geist Gottes sein konnte, der mich antrieb. Warum hätte er mich von sich wegtreiben sollen? Auf einem Spaziergang machte ich die Begegnung mit dem Versucher, der sich als ein Engel des Lichts verstellte. Er packte mich an einem sensiblen Punkt. Eine Stimme in mir sprach mit ernster Stimme: Arne, was ist das für ein Dienst, was taugst du, wenn du keine Menschen für Christus gewinnst? – Die ganze Sache spitzte sich gefährlich zu.

Die Bergwanderung

Auf einer einsamen Bergwanderung sprach mich aber auch Gott an. Mir kam das Wort des Petrus in den Sinn: »Herr, du weißt alle Dinge, du weißt, dass ich dich lieb habe« (Johannes 21,17). Kaum hatte ich es gedacht, wusste ich, dass es hier um meine tiefste

Frage und Sehnsucht ging. Sah Gott, dass ich ihn wirklich liebte, aber einfach nicht mehr konnte? Gott wusste, wonach sich meine Seele sehnte. Jesus glaubte mir meine Liebe. Doch kannte ich diese tiefste Frage in mir bis dahin noch nicht. Erst mit Gottes Antwort wurde sie mir bewusst: »Weide meine Lämmer!«

In diesem Wort lag der Durchbruch. Das hieß: Wer mich immerzu anstachelte, mehr zu tun, war nicht Gottes Geist, sondern ein verkleideter Engel. Er kam fromm daher, versteckte sich hinter den Pflichtanteilen in meinem Persönlichkeitsbild und nutzte sie geschickt, um mir den letzten Nerv zu ziehen. Ich kam sprichwörtlich vom Berg herunter und wusste, dass diese Falle ein letztes Mal zugeschnappt hatte.

Bei mir zu Hause sein

Es bedurfte noch einiger Anstöße, bis ich mich zu einem für mich damals radikalen Schritt entschied. Erstmals seit langer Zeit fühlte ich mich wieder eins und stimmig mit mir selbst. Ich konnte nicht nur einzelne Termine absagen, sondern stellte meine Mitarbeit in zwei Redaktionskreisen auf absehbare Zeit ganz ein. Den angebotenen Dienstortwechsel lehnten meine Frau und ich ab. Jedoch nur zögernd verstand ich, dass ich Gott nicht dadurch diene, dass ich Aufgaben erfülle, die mit hohem Ansehen verbunden sind oder mich besonders herausfordern. Aus einer Supervisionssitzung nahm ich den folgenden Schlüsselgedanken mit nach Hause: »Wenn ich bei mir bin, dann bin ich auch bei der Sache, an die mich Gott gestellt hat.« Oder anders: »Wenn ich bei mir bin, bin ich auch bei den Menschen.«

Es gibt eine sehr wirkungsvolle Weise, alle psychischen Reserven in zwischenmenschlichen Beziehungen zu verschwenden. Die gefährlichste Form, den persönlichen Energiespeicher rasch zu entleeren, sind in meinen Augen Kriechströme, denn sie sind unsichtbar. Bei Kriechströmen entleert sich die Batterie des Autos unmerklich, aber kontinuierlich. Meist ausgelöst durch abgescheuerte, blank liegende Kabel, fließt der Strom ungenutzt ab. Früher neigte ich sehr dazu, Konflikten aus dem Weg zu gehen. Häufig fühlte ich mich danach unterlegen, weil mir die richtigen Argumente einfach immer zu spät einfielen. Oder ich fühlte mich schuldig. Dann hatte ich zwar den Kampf gewonnen, aber die Schlacht verloren, weil ich die kommenden Konsequenzen fürchtete. Die dritte Variante war, dass ich die Kontrolle über mich verlor und allzu heftig agierte. Das war dann nur noch peinlich. Heute ist meine Bereitschaft, Konflikte in der Konfrontation zu klären, mehr von meiner Tagesform abhängig. Nach Kräften bemühe ich mich allerdings darum, Kriechströme zu unterbinden.

Ich rede von meinem früheren Irrtum, zwischenmenschliche Probleme würden sich von alleine regeln oder ließen sich unter den Teppich kehren. Tatsächlich aber zahlte ich meinen Anteil am Preis ungeklärter Verhältnisse unter Familienmitgliedern, Freunden, Mitarbeitern und Kollegen immer selbst. Entweder in bar oder in Raten. Ratenzahlung führt zu Abnutzungserscheinungen, die deshalb so tückisch sind, weil statt eines massiven Kurzschlusses besagte Kriechströme in der Seele entstehen. Ohne dass irgendetwas gewollt geschieht, geschieht ganz viel: ungewollt, unkontrolliert, heimlich, still und leise. Ich scheue mich immer noch zu oft, Auseinandersetzungen auf den Punkt zu bringen. Eher umwandere ich sie wie das Himalaja-Gebirge, aber das ist dann auch genauso anstrengend.

Ich fragte mich, warum ich mich so verhalte, und fand heraus, dass die Angst vor der Auseinandersetzung in mir groß ist, weil es keine Garantie gibt, dass man sich auch wieder zusammensetzt. Ist mir nicht daran gelegen, wieder mit einem Menschen zusammen zu kommen, kann ich damit schnell fertig sein. Die Menschen, an denen mir aber etwas liegt oder auf die ich angewiesen bin, will ich natürlich nicht verletzen oder einfach zurückweisen. Also umlaufe ich lieber Probleme mit für mich wichtigen Menschen, obgleich damit ein Neuanfang von vornherein entfällt. Aber das nehme ich dummerweise hier und da in Kauf, damit mein aktiver Stress gering bleibt. Proportional dazu wächst allerdings der keinesfalls harmlosere passive Vermeidungsstress. Damit bringe ich meinen persönlichen Akku sehr schnell auf Reserve.

Aufbruch in unbekanntes Land

Ich wäre mutig, in unbekannte Situationen hineinzugehen, wenn ich nur wüsste, dass meine Anstrengungen und das Risiko mit Erfolg belohnt werden. Wäre mir am Ende der Pokal sicher, würde ich keine Herausforderung scheuen. Aber weil das natürlich so nicht ist, bleibt mein Handeln nicht selten hinter meinen Gedanken und Plänen zurück. Es ist die Angst vor dem Ungewissen, die mich davor zurückschrecken lässt, meine Pläne zu verwirklichen.

Gott sagte Abraham zu, ihn in ein Land zu führen, das er noch nicht kannte. Um welches Land es sich handelte, blieb offen. Und Abraham machte sich auf den Weg. Das Neue Testament sieht darum in ihm den Vater des Glaubens und ein wichtiges Vor- und Urbild für unser Christsein. Für mich wie für Abraham, Mose oder Josua und noch viel später für die Emmausjünger ist es wichtig, dass Gott mit mir geht. Nicht die Kenntnis des Weges macht Glauben aus, sondern die Gewissheit, dass Christus dabei ist. Das muss ich immer wieder lernen.

Unter Gottes Segen

Da sagte der Herr zu Abram: »Verlass deine Heimat, deine Sippe und die Familie deines Vaters, und zieh in das Land, das ich dir zeigen werde! Ich will dich segnen und dich zum Stammvater eines mächtigen Volkes machen. Dein Name soll in aller Welt berühmt sein. An dir soll sichtbar werden, was es bedeutet, wenn ich jemand segne. Alle, die dir und deinen Nachkommen Gutes wünschen, haben auch von mir Gutes zu erwarten. Aber wenn jemand euch Böses wünscht, bringe ich Unglück über ihn. Alle Völker der Erde werden Glück und Segen erlangen, wenn sie dir und deinen Nachkommen wohlgesonnen sind.«

Abram folgte dem Befehl des Herrn und brach auf, und Lot ging mit ihm. Abram war 75 Jahre alt, als er seine Heimatstadt Haran verließ. Seine Frau Sarai und Lot, der Sohn seines Bruders, begleiteten ihn. Sie nahmen ihren ganzen Besitz mit, auch die Menschen, die sie in Haran in Dienst genommen hatten. So zogen sie in das Land Kanaan, in dem damals noch das Volk der Kanaaniter wohnte. Sie durchquerten das Land bis zu dem heiligen Baum bei Sichem.

Dort erschien dem Abram der Herr und sagte zu ihm: Deinen Nachkommen will ich dieses Land geben! Da baute Abram dem Herrn einen Altar an der Stelle, wo er ihm erschienen war. Von dort aus zog er in das Bergland östlich von Bet-El. Seine Zelte standen zwischen Bet-El im Westen und Ai im Osten. Auch dort baute er einen Altar und rief im Gebet den Namen des Herrn an. Dann zog er von Lagerplatz zu Lagerplatz immer weiter nach Süden.

1. Mose 12,1-9

Die Urgeschichte[4] ist gekennzeichnet durch eine sich ständig erweiternde Kluft zwischen Gott und Mensch, zwischen Gut und Böse. Gott reagiert mit Gericht und Strafe, aber dahinter zeigt sich immer noch sein Wille zur Bewahrung. Adam und Eva wurde der sofortige Tod angedroht, aber sie blieben am Leben. Der Brudermörder Kain wurde dafür mit der Isolation von anderen Menschen bestraft. Doch das Malzeichen, das Gott ihm gab, stellte ihn auch unter Schutz. Schließlich überlebten Noah und seine Sippe die Flut. Anders endet die Turmbaugeschichte in 1. Mose 11. Das Gottesgericht ist gnadenlos. Jahwe zerstreut die Menschen. Er nimmt ihnen ihre Einheit, die verbindende Sprache. Das Unverständnis der Völker ist Gottesurteil und wird ihnen zum Verhängnis. Der Bericht provoziert die Frage: Ist Gottes Geduld am Ende, ist die Dissonanz unüberbrückbar und jede Verständigung mit Gott abgebrochen?

Es folgt die Geschichte von Abrahams Erwählung. Ihm gilt Gottes Segen, aber eben ihm: einem Einzelnen! Die universalen Themen brechen ab: Leben und Tod, Frau und Mann, Familie, Länder, Völker, Sünde, Glück und Gemeinschaft. Jetzt ist nicht mehr vom Menschen die Rede, sondern von einem Einzelnen. Das ist eine Furcht erregende Verengung. Ist Gott nur des Einzel-

---

[4] Gerhard vom Rad, ATD. Das erste Buch Mose, Vandenhoeck & Ruprecht, Göttingen 1981, S. 112ff; vgl. ders., Gottes Wirken in Israel, Neukirchener Verlag, Neukirchen-Vluyn 1974, S. 141ff

nen Gott? Vielleicht gar nur des einen Menschen oder weniger Auserwählter, denen er seinen Weg wissen lässt? Doch die Bibel berichtet nur von wenigen, die »Spezialaufträge« von Gott erhalten haben. Die relative Fülle dieser Berichte macht leicht vergessen, das beispielsweise zwischen einem Abraham, Mose, Jeremia und Paulus Jahrhunderte lagen.

Gott veranstaltet keinen Abenteuerurlaub

Auf einer Freizeit hatten wir uns zu einer Rafting-Tour angemeldet. Sich in einem Schlauchboot wilde Stromschnellen hinunterzustürzen und den Gewalten eines Gebirgsflusses nur mit einem Paddel in der Hand zu trotzen, belebte unsere Fantasie. Dann ging es los. Doch aus dem Rafting-Abenteuer wurde eine gemütliche Paddeltour mit nur wenigen durchfahrenen Stromschnellen.

So ist das Leben und der Glaube oft: wenig aufregend, Durchschnitt halt. Es ist ungesund, wenn wir uns das Gegenteil erhoffen. Gott veranstaltet für uns keinen Abenteuerurlaub, er sorgt nicht für Sensationen. Er sorgt in unserem Leben viel öfter für Ratlosigkeit, wenn wir spüren, dass wir auch als Christen die Wirklichkeit nicht überspringen können. Schritte im Glauben wagen kann daher auch bedeuten, Illusionen zu begraben. Es kann bedeuten, Zustände und Lebensphasen anzunehmen, wie sie nun einmal sind. Abraham wurde von Gott gesagt: Ich will dich in ein Land führen, das ich dir zeigen will. Darin ist seine Situation der unseren vergleichbar. Die Zukunft ist uns ebenso unbekannt wie Abraham.

Niemals sind unsere Aufbrüche definitiv oder endgültig. Wir erreichen nie das Bestmögliche, nicht einmal das, was wir uns selber auszumalen vermögen. In der Regel bleiben wir ein gutes Stück dahinter zurück. Aber Leben im Aufbruch bedeutet, selbst gesteckte Grenzen und Tabus loszulassen – und daran festzuhalten, dass Gott der Größere ist, trotz allem, was uns klein macht. Wir sind Platzhalter in einer Gleichung, die nur aufgeht, wenn wir unseren Stellenwert darin erkennen und einnehmen.

Die Angst, zu kurz zu kommen

Wie sehr wir uns nach Sicherheit sehnen! Doch Abraham brach auf. Aber die Bibel schildert ihn nicht als einen Menschen, der aufbrach, weil ihm das Reisen so viel Spaß machte. Von mir kenne ich auch ein gezwungenes, getriebenes Unterwegssein. Dann bin ich nicht mit dem zufrieden, was ich gerade habe, und darin besteht gerade mein Unglück. Die Angst, zu kurz zu kommen, lässt mich nämlich immer mehr fordern und überfordert damit auch andere. Sie setzt eine Spirale von Anspruch und Enttäuschung in Gang und zieht in einen Strudel aus Klage und Anklage, Frustration und neuen Forderungen. Wenn uns die Angst, zu kurz zu kommen, antreibt, bekommen wir umso weniger. Und je weniger sich unsere Wünsche erfüllen, desto mehr fühlen wir uns vom Leben betrogen.

Segen ist biblisch betrachtet mit der Fürsorge Gottes (nicht der von Menschen) verbunden! Gottes Segen erfahre ich da, wo ich selbst unterwegs bin, wo ich vorangehe, und nicht, wo ich andere für irgendeinen Stillstand verantwortlich mache.

Merksätze

- *Bin ich zu müde, um Gottes Zuwendung wahrnehmen zu können?*
- *Bin ich bei mir, bin ich auch bei den Menschen.*
- *Passiver Stress wächst in dem Maße, in dem ich Problemen aus dem Weg gehe.*
- *Nicht die Kenntnis des Weges macht Glauben aus, sondern die Gewissheit, dass Christus dabei ist.*

Gott im Vorübergehen

Ein ganz leiser Hauch

Ahab berichtete Isebel alles, was Elija getan und dass er alle Propheten Baals umgebracht hatte. Da schickte Isebel einen Boten zu Elija und ließ ihm sagen: »Die Götter sollen mich strafen, wenn ich dich morgen um diese Zeit nicht ebenso umbringen werde, wie du meine Propheten umgebracht hast!«

Da packte Elija die Angst, und er floh, um sein Leben zu retten. In Beerscheba an der Südgrenze von Juda ließ er seinen Diener zurück und wanderte allein weiter, einen Tag lang nach Süden in die Steppe hinein. Dann setzte er sich unter einen Ginsterstrauch und wünschte den Tod herbei. »Herr, ich kann nicht mehr«, sagte er. »Lass mich sterben! Ich bin nicht besser als meine Vorfahren.« Dann legte er sich unter den Ginsterstrauch und schlief ein.

Aber ein Engel kam, weckte ihn und sagte: »Steh auf und iss!« Als Elija sich umschaute, entdeckte er hinter seinem Kopf ein frisches Fladenbrot und einen Krug mit Wasser. Er aß und trank und legte sich wieder schlafen. Aber der Engel des Herrn weckte ihn noch einmal und sagte: »Steh auf und iss! Du hast einen weiten Weg vor dir!«

Elija stand auf, aß und trank und machte sich auf den Weg. Er war so gestärkt, dass er vierzig Tage und Nächte ununterbrochen wanderte, bis er zum Berg Gottes, dem Horeb, kam. Dort ging er in die Höhle hinein und wollte sich darin schlafen legen. Da hörte er plötzlich die Stimme des Herrn: »Elija, was willst du hier?« Elija antwortete: »Herr, ich habe mich leidenschaftlich für dich, den Gott Israels und der ganzen Welt, eingesetzt; denn die Leute von Israel haben den Bund gebrochen, den du mit ihnen geschlossen hast; sie haben deine Altäre niedergerissen und deine Propheten umgebracht. Ich allein bin übrig geblieben, und nun wollen sie auch mich noch töten.«

Der Herr sagte: »Komm aus der Höhle und tritt auf den Berg vor mich hin! Ich werde an dir vorübergehen!« Da kam ein Sturm, der an der

Bergwand rüttelte, dass die Felsbrocken flogen. Aber der Herr war nicht im Sturm. Als der Sturm vorüber war, kam ein starkes Erdbeben. Aber der Herr war nicht im Erdbeben. Als das Beben vorüber war, kam ein loderndes Feuer. Aber der Herr war nicht im Feuer. Als das Feuer vorüber war, kam ein ganz leiser Hauch.

Da verhüllte Elija sein Gesicht mit dem Mantel, trat vor und stellte sich in den Eingang der Höhle. Eine Stimme fragte ihn: »Elija, was willst du hier?« Er antwortete: »Herr, ich habe mich leidenschaftlich für dich, den Gott Israels und der ganzen Welt, eingesetzt, denn die Leute von Israel haben den Bund gebrochen, den du mit ihnen geschlossen hast; sie haben deine Altäre niedergerissen und deine Propheten umgebracht. Ich allein bin übrig geblieben, und nun wollen sie auch mich noch töten.«

Da befahl ihm der Herr: »Geh den Weg zurück, den du gekommen bist! Geh bis nach Damaskus, und salbe dort Hasaël zum König von Syrien. Darauf salbe Jehu, den Sohn von Nimschi, zum König von Israel und Elischa, den Sohn Schafats aus dem Dorf Abel-Mehola, zum Propheten, zu deinem Nachfolger ...«

1. Könige 19,1-16

Diese Geschichte trifft ins Zentrum. Nicht nur, dass hier einer offensichtlich am Ende ist mit seiner Kraft. Die hier geschilderte Gottesbegegnung erzählt Entscheidendes über Gottes Nähe in unserem Leben.

Manchmal träume ich davon, Jesus in meinem Alltag viel unmittelbarer zu erleben. Ich wünsche mir auch manchmal, mehr von Gottes Wirklichkeit in meiner Gemeinde zu erfahren: dass wir alle von Christus und seinem Geist tief angerührt werden. Doch ich weiß nicht, wie diese Hoffnung Realität werden kann. Im Gegenteil, zeitweise fühle ich mich von Gott regelrecht verlassen. Die Zeichen seiner Liebe und Zuwendung sind dann in mir wie unter einem Schleier persönlicher Sorgengeister zugedeckt, und ich wünschte mir einen Mechanismus, mit dessen Hilfe Jesu Kraft in mir und uns ausgelöst werden könnte.

Gottes Nähe und Ferne

Den Anfang in unserem Leben mit Gott machen nicht wir, den Anfang macht er mit uns. Das Glück und die Geborgenheit des Glaubens finden wir nicht in uns, sie werden uns geschenkt. So nah Gott Elia dabei kam, so unfassbar blieb er ihm. Es ist wie mit der Sonne, die über uns steht: So sehr wir sie genießen, sie bleibt unermesslich weit von uns entfernt. Und obgleich kein Leben auf der Erde ohne die Sonne möglich ist, würde eine nur geringfügig verkürzte Umlaufbahn unseres Planeten den Untergang allen Lebens auf der Erde bedeuten. Vergleichbar ist Gott niemals unmittelbar bei uns, denn niemand, der sein Angesicht schaut, kann am Leben bleiben (2. Mose 33,20). Johannes definiert deshalb einen anderen Orientierungspunkt echter Gottesgegenwart: »Jeder Geist, der bekennt, dass Jesus Christus im Fleisch gekommen ist, ist aus Gott« (1. Johannes 4,1-2).

In dem historischen Jesus von Nazareth ist Gott gleichsam an allen Menschen in allen Zeiten und an allen Orten vorübergegangen. Die in uns durch den Heiligen Geist ausgegossene Liebe Gottes spiegelt dieses Verhältnis von überwältigender Nähe bei gleichzeitig unüberbrückbarer Distanz. Gottes Geist in uns ist nicht manchmal gegenwärtig und manchmal abwesend. Seine Nähe ist dauerhaft, auch wenn unser Empfinden seiner Gegenwart schwankt. Christus ist unser Herr, indem er zugleich den Abstand zu uns überbrückt und sich zu unser aller Diener macht (Johannes 13,14).

Versteckter Stolz

Es vergeht mehr als ein Monat, an dem nichts von Gott zu sehen und zu spüren ist. Elia fühlt sich von Gott und Menschen verlassen. In dieser düsteren Stimmungslage wird auch eine geheime Schwäche offenbar: Elia hält sich für etwas Besseres. In seinen Augen steht er über den anderen, ein solches Schicksal hat er wirklich nicht verdient: »Es ist genug! So nimm nun, Herr, mein Leben hin, denn ich bin nicht besser als meine Väter.« Wie Recht er damit hat! Allein, er spricht nicht aus Selbsterkenntnis – der Prophet offenbart ungewollt seinen versteckten Stolz, von dem er sich nun verabschieden muss. Wer brachte ihn auf den verwegenen Gedanken seiner Überlegenheit? So machen uns unsere tiefen Krisen oft die geheimen Gedanken offenbar, die schon immer tief verborgen in unserem Herzen schlummern. Elias Herz war stolz geworden. Seine machtvollen Zeichen im Auftrag Gottes stiegen ihm zu Kopf. Die Wüste kam gerade rechtzeitig, um ihn von seinem Irrtum zu überzeugen!

Nach vierzig Tagen Schweigen spricht Gott Elia an. Da freut er sich und ist ganz Ohr. Aber er klagt auch. Führt abermals die gleiche Beschwerde und trägt Gott erneut seine resignierte Sicht vor. An Argumenten fehlt es ihm nicht und Gott widerspricht auch nicht. Doch vor allem kehrt er nicht in Elias Höhle ein! Er schickt auch keinen Engel, der sich mit dem entmutigten Mann ins Dunkle zurückzieht, um gemeinsam Wunden zu lecken. Gott ruft und fordert den Elia heraus: »Geh hinaus und tritt auf den Berg vor den Herrn!« Elia darf sich nicht länger in sich zurückziehen und sich in seinem Selbstmitleid wälzen. Er muss vor Gott erscheinen. Spätestens jetzt wünschen wir uns ein besonderes Ereignis. Es muss doch etwas passieren, damit das Blatt sich wendet. Und tatsächlich hebt ein Sturm an. Doch so sehr es auch bläst, das Blatt wendet sich für Elia nicht. Auch in dem Erdbeben und einem lodernden Feuer, die dann folgen, erscheint Gott seinem Propheten nicht. Erst in einem leisen Säuseln geht er an Elia vorüber!

Neu beauftragt

Dann fragt Gott Elia nochmals nach seinem Aufenthaltsort. Und noch immer betrachtet Elia sein Problem als den Nabel der Welt. Gottes Seelsorge bleibt daraufhin konsequent: Er lässt Elia nicht in seine Höhle zurückkehren, sondern schickt ihn fort von diesem versuchlichen Ort. Wenn Elia jetzt nicht umkehrt, verliert er sich in seinem »Die böse, ungerechte Welt«-Muster. Stopp, sagt Gott, sonst kriegst du die Kurve nicht!

Aus einer großen Enttäuschung heraus führt Elias Gottesbegegnung zu einer neuen Beauftragung. So war es vor Elia schon Mose und Jakob ergangen und später werden die Propheten Ähnliches erfahren. Diese Linie erreicht später Timotheus, der von Paulus an seine Berufung und die in ihm schlummernden Gaben erinnert werden muss, und sie betrifft ebenso auch mich. Nach Enttäuschungen und vergeblicher Mühe möchte ich am liebsten aufgeben. Doch wie Petrus werde ich mit einem neuen Auftrag und Zuspruch ausgerüstet. Gott legt sich mit seinem Auftrag auf mich fest – aber seine Berufung und Beauftragung garantieren nicht den Erfolg. Umgekehrt ist das Scheitern allerdings auch kein Ausweis meiner Unfähigkeit. Es ist mehr eine Prüfung meiner Zuversicht. Enttäuschende Unternehmungen unterstreichen, dass ich Gott als den vorübergehenden Herrn lieben soll. Gott möchte, dass ich damit einverstanden bin. Es geht nicht um meine Sache, es geht um seine Sache. Das zu begreifen ist befreiend und zutiefst beglückend. Es bedeutet, Gott Gott sein zu lassen!

Der unauffällige Gott

Male ich mir das Geschehen am Horeb vor Augen, so beeindrucken mich der Sturm und das Feuer, der berstende Fels und der krachende Blitzschlag. So habe auch ich schon auf Großereignisse gehofft und besondere Kraftwirkungen herbeigesehnt. Aber Gott hat sich in diesen Naturgewalten nicht gezeigt. Ist das nicht eine deutliche Kritik an einer Gottessuche, die auf das Besondere und Eindrückliche wartet? Begegnung mit Gott ist vielfach unscheinbar! Sie geschieht unauffällig, fast beiläufig und geht wie ein »leises Säuseln« vorüber. Dafür muss ich sensibel werden. Aber möchte ich Christus als vorübergehenden Wanderer, auf den ich achten muss, um ihn zu erkennen?

Ich habe nie auf dem Horeb gestanden, als Gott an mir vorüber ging. Ich habe nie des Tags eine Wolken- und des Nachts eine Feuersäule gesehen, in denen sich Gott verbarg. Ich bin nie Zeuge von Wundern gewesen, wie sie uns in der Apostelgeschichte überliefert sind. Gerne würde ich Jesus so erfahren! Solche Erlebnisse wünsche ich mir in meinem Dienst, in den Zeiten gemeinsamer Anbetung und beim persönlichen Bibellesen. Aber sie bleiben aus. Muss ich mich also auf »das Machbare« beschränken und meinem Glauben durch Eigeninitiative auf die Sprünge helfen? Mit der Zeit erschöpft sich das Streben nach Heiligung und Nachfolge in meinem Herzen. Entmutigt glaube ich, Erfahrungen, wie sie Elia machte, kämen für mich nicht infrage. Und doch: Nie ist mir Gott näher als heute! Jesus selbst hat es uns zugesagt, seinen Stellvertreter zu senden (Johannes 16,7). Und: »Siehe, ich bin bei euch alle Tage, bis an der Welt Ende« (Matthäus 28,20).

Herr, bleibe bei uns

Wir wollen Jesus bleibend, spürbar an unserer Seite haben. Der vorübergehende Gott irritiert uns. Doch sein Bleiben würde ich mir unweigerlich selbst zuschreiben, mit meinen Erfolgen verbinden – und so Christus als den Geber und Gnadenspender aus meinem Herzen verlieren. Auch im Neuen Testament ist Christus der Vorübergehende. Vielfach lesen wir summarisch, wie Jesus rings umher durch die Landschaft von Judäa und Samaria zog. Mal ist er hier und mal ist er da. Darin wird offenbar, wozu er gekommen ist. Jesus lehrte die Menschen und heilte alle, die zu ihm gebracht wurden. Von diesem umherziehenden Jesus ging die Kraft Gottes aus! Für Zachäus, als Jesus vorüberging, ihn im Baum sitzen sah und zu sich rief. Dem Blinden wurden die Augen aufgetan, als er nach dem vorübergehenden Jesus rief. Und schließlich begegnete der Auferstandene Maria mit den Worten: Berühre mich nicht und halte mich nicht auf.

Man kann alle diese Geschichten lediglich als Wegnotizen betrachten. Doch damit verlieren wir ihre Bedeutung aus dem Auge. Was das Neue Testament so beiläufig beschreibt, ist grundlegend für unsere Christusbegegnung. Mit den ersten Auferstehungszeugen bitten wir ihn zu bleiben, wir dürfen ihn erkennen, doch er entzieht sich wieder unseren Blicken und Begehrlichkeiten. Auch sein Kommen durch den Heiligen Geist trägt dieses Signum: Der Geist weht, wo er will. Unsere natürliche Erwartung, der Wunsch, dass er bleiben möge, entspricht nicht Gottes Verheißungen. Christus lässt sich durch niemanden aufhalten. Das müssen wir lernen, wenn wir zu erfüllter Gottesbegegnung finden wollen. Wir werden Christus nicht in unserem Herzen behalten, wenn wir ihn nicht als Vorübergehenden lieben lernen.

Merksätze

- *Jahwe kehrte nicht in Elias Höhle ein!*
- *Gottes Berufung und Beauftragung garantieren nicht den Erfolg.*
- *Den vorübergehenden Herrn lieben heißt, Gott Gott sein zu lassen.*
- *Nie ist mir der Vater näher als heute.*

Ruhezonen

Ich darf Fehler machen

Von einer geplanten Buchveröffentlichung nahm ich Abschied und fühlte mich frei wie ein Vogel. Sicher, was ich in jener Zeit schrieb, meinte ich so. Keine Zeile gelogen. Aber das Bild, das sich Außenstehende von mir machten, stimmte nicht. Anfänglich gefielen mir die an mich herangetragenen Erwartungen. Kurzzeitig nährten sie mein Selbstwertgefühl. Auf Dauer war es aber ein Verlustgeschäft. Wurde ich einmal laut, fühlte ich entsetzte Blicke auf mir ruhen. Ein Pastor, der in christlichen Blättern von Liebe und Einfühlung schreibt und schimpft? Erst spät merkte ich, wie sehr ich unter dem Bild litt, das andere von mir hatten.

Mehr als damals gestehe ich mir heute zu, Fehler machen zu dürfen. Vor meinem eigenen Urteil und Gewissen bin ich nicht mehr gleich ein Heuchler, wenn meine Reaktionen einmal unabgewogen sind und sich andere über mich ärgern. Ich bin nicht dazu da, andere glücklich zu machen. Es hat lange gedauert, mir diese Überzeugung zu erlauben. Aber sie ist notwendig, um mich vor unberechtigten Ansprüchen anderer zu schützen. Ich gebe gerne zu, dass es mir nach wie vor nicht leicht fällt, mein christliches Gewissen gegen biografisch erworbene Gewissensbisse abzugrenzen. Doch nur insoweit ich mich von unberechtigten Schuldgefühlen löse, wird aufrichtige Begegnung mit den Menschen möglich, die mir besonders nahe stehen. Das bringt mehr Konflikte mit sich, spart aber langfristig viel psychische Substanz.

Nicht nur freundlich

Die Wahrheit war und ist: Ich will nicht immer freundlich sein, sondern ehrlich! Auch wenn das bedeutet, die Empfindungen zuzulassen, die gerade in mir sind. Ich möchte zeigen, wie ich mich gerade fühle, auch dann, wenn dieser Ausdruck persönlicher Befindlichkeit nicht opportun erscheint. Tatsächlich respektieren aber die meisten Menschen offen gezeigte Gefühle, wenn sie in einer Art geäußert werden, die sie nicht verletzen oder zerstörerisch wirken. Letzteres geschieht dann, wenn ich negative Gefühle zu lange unterdrücke und berechtigte Kritik an Verhältnissen und Personen zu lange für mich behalte.

Dabei habe ich festgestellt, dass manche Leute nicht viel Federlesens machen, wenn es darum geht, mir deutlich ihre Meinung zu sagen. Nehme ich mich insbesondere solchen Menschen gegenüber zu stark zurück, brechen sich bei mir diese verdrängten Empfindungen in angespannten Situationen ihre Bahn und treffen dann sehr häufig die Falschen. Besser ist es, als ungerechtfertigt oder verletzend empfundene Kritik zu einem Zeitpunkt anzusprechen, wenn ich zu einer geordneten Darstellung meiner Gefühle noch in der Lage bin. Auch aus pädagogischen Gründen empfiehlt es sich, nörgelnden Personen, die schlechte Stimmung machen oder andere einschüchtern, ihre Wirkung auf andere Menschen zurückzumelden. Nicht selten sind sie sich dessen gar nicht bewusst. Eine Ermahnung zur rechten Zeit ist durchaus eine Hilfe, nicht nur für das Gemeinschaftsgefüge, in dem wir leben, sondern auch für die betreffenden Personen selbst.

Fitnesspausen

Sport und körperlicher Einsatz sind eine hervorragende Möglichkeit, um Stress abzubauen. Dabei merkte ich allerdings irgendwann, dass mein Training wirklich lediglich dem Erhalt meiner Fitness dienen sollte. Regelmäßig war ich mit der Stoppuhr am Handgelenk im Wald unterwegs. Damit geriet, was eigentlich meiner Entspannung dienen sollte, wiederum zur Anstrengung. Statt Erholung zu erfahren, ging es wieder um Leistungssteigerung. Ich merkte dies eindrucksvoll, als ich mich entschloss, bei meinen Waldläufen keine Armbanduhr mehr zu tragen, geschweige denn eine Stoppuhr mitzunehmen. Heute laufe ich eine bestimmte Zeit oder eine gewählte Entfernung. Dieser kleine Kniff macht für mich einen großen Unterschied. Denn dadurch baue ich den Ergebnisdruck ab, der mich früher begleitete. Es war für mich eine wirkliche Entdeckung, beim Laufen nur noch darauf zu achten, wie ich mich fühle, und nicht mehr darauf, wie schnell ich unterwegs bin. Dadurch wird das Laufen wirklich zur Erholung. Um mich vor Überforderung zu schützen, leistet mir auch ein Pulsfrequenzmesser gute Dienste. Dieses einfache Hilfsmittel hat mir gezeigt, dass besonders viele Mittvierziger wie ich viel zu schnell unterwegs sind.

Der Besuch eines Sportcenters zahlt sich für mich deswegen aus, weil die relativ hohen Gebühren mich motivieren, regelmäßig zu trainieren. Im Fitnessstudio bin ich von Witterungsverhältnissen unabhängig und kann mein Training abwechslungsreich gestalten. Ich bin als Pastor, der sehr viel an seinem Schreibtisch sitzt, also regelmäßig auf meinem Laufband unterwegs und ich sitze heute öfter als früher mit meiner Frau bei einer Tasse Kaffee zusammen. Habe ich damit Menschen betrogen, die auf mich warteten, und den vielen freiwilligen und engagierten Mitarbeitern um mich herum die Solidarität aufgekündigt? Ich denke nicht. Ich habe nur aufgehört, mich selbst und sie zu überfordern. Wenn ich regelmäßig entspanne, kann ich in Stresszeiten den Kopf über Wasser halten. Und wenn es zu Kollisionen kommt, muss ich nicht gleich aus dem Boot springen. Ich versuche mich selbst in einem Marathonlauf zu führen. Denn es liegen noch mindestens zwanzig Jahre Berufstätigkeit vor mir. Dieses Ziel wird, wie die allermeisten Zwischenziele, nicht im Sprint zu erreichen sein. Darum habe ich vor Jahren in meine Kladde persönlicher Einsichten geschrieben: »Lass andere rennen, ich gehe. Lass andere glänzen, ich will nicht mit ihnen konkurrieren.«

Willkommene Unterbrechungen

Manchmal fühle ich mich einfach nur müde und erschöpft. Meist ist die Ursache harmloser Natur. Nach Zeiten intensiver Anspannung und Konzentration brauche ich (mit zunehmendem Alter) mehr Zeit, mich zu erholen. Beispielsweise freue ich mich nach dem sonntäglichen Gottesdienst auf einen gesunden Mittagsschlaf; nach einer anstrengenden Sitzung am Vorabend stelle ich den Wecker eine Stunde später. Hatte ich aus gegebenem Anlass keinen freien Wochentag, nehme ich ihn mir nach Möglichkeit auch jenseits des »Pastorenmontags«. Besonders hilfreich sind mir die kleinen Ausstiegspausen. Liegt ein intensives Gespräch hinter mir oder hatte ich eine herausfordernde Auseinandersetzung, dann gehe ich in einen Baumarkt, meine persönliche Wohlfühloase. Ich schaue hier und schaue dort oder ich schaue nach gar nichts und schlendere einfach nur an den unzähligen Regalen vorbei. Derselbe Effekt stellt sich für mich bei einem ausgedehnten Frühstück im Möbelhaus IKEA ein oder, ein besonderer Genuss, bei einem gemeinsamen Kinobesuch mit Freunden mit einem nicht allzu anspruchsvollen Film.

Wenn Raketen nicht mehr steigen wollen

Es ist so wie an Silvester, als ich vor Jahren meinen damals noch kleinen Kindern den Start einer Rakete demonstrieren wollte. Alles war gut vorbereitet, die Rakete umständlich aus der Verpackung gekramt und der Zündschnurschutz entfernt. Den Kindern hatte ich die Gefahr einer fehlerhaften Verwendung eingeschärft, bevor ich den Feuerwerkskörper feierlich in eine leere Sektflache stellte. Dann wurde das Streichholz entzündet und die Zündschnur angesteckt; in Vorfreude auf das nun zu erwartende Ereignis entfernte ich mich eilig. Doch welche Enttäuschung: Die Rakete startete nicht! Statt in den nächtlichen Himmel loszuschießen und einen Feuerzauber zu entfachen, der alle Umstehenden staunen ließ, geschah einfach gar nichts.

Es gibt Probleme und ich denke irrtümlich: Alle Welt wartet auf mich. Damit lade ich eine erdrückende Last auf meine Schultern bzw. ich lasse mich damit befrachten. In solchen Phasen verirrten Denkens bin ich tatsächlich überzeugt, dass Aufsteigen oder Untergehen einzig und allein von meinem Einfallsreichtum, einem neu erdachten Programm, einer fantastischen Strategie oder zumindest einer dynamischen Vision abhängig sei. Frustriert stelle ich dann fest, dass all meine Bemühungen nicht selten als Rohrkrepierer enden. So identifiziert mit der Rolle des Übermächtigen, inszeniere ich meinen eigenen seelischen Burnout. Und treiben mich andere dorthin, fehlt mir zuweilen der Mut und die Kraft, hinter Jesus zurückzutreten und zu sagen: Tut mir Leid, aber ich bin nicht Jesus!

Ich erinnere mich an die Zeit, da erwarteten meiner Vorstellung nach nicht nur Menschen, sondern auch Gott Besonderes von mir. Doch ich muss, selbst wenn ich es anders lieber hätte, einsehen: Nicht die Erwartungen Jesu und auch nicht die Ansprüche anderer Menschen zerstören mich. Meine übersteigerten Erwartungen an mich selbst machen mir den meisten Druck.

Nur Durchschnitt?

Das Besondere hat in unserer Zeit Hochkonjunktur. Ein Event jagt den nächsten, ein Höhepunkt soll den vorigen noch übertreffen. Ich persönlich und viele Mitarbeiter haben von großen, inspirierenden Kongressen viel Gutes mit nach Hause genommen. Aber diese Form der Motivation birgt auch manchen Stolperstein. Oftmals kommen wir den neuen Programmen und Konzepten einfach nicht nach. Als Heilmittel gegen die eigene Erschöpfung wirken sie allermeist kontraproduktiv. Tue ich nicht das, was mir entspricht, dann verleugne ich meinen persönlichen Stil, das eigene Tempo und die Ziele der eigenen Arbeit. Andere beobachten dann an mir, dass ich eher getrieben bin, als besonnen zu führen. Ich möchte darum als guter Hirte die Schafe zu solchen Weiden führen, auf denen ich als Schaf auch meine Nahrung suche. Was mich seelisch, geistlich und körperlich ausbrennen lässt, ist Arbeit im Kopierverfahren. Aber es sättigt mich geistlich, selbst zu kauen und zu verdauen, was ich anderen serviere.

Heute gilt beinahe selbstverständlich: Durchschnitt taugt nicht!

Erfolg zählt! Doch tatsächlich gleichen auch wir oftmals mehr den (ob ihrer leeren Hände) ratlosen Jüngern Jesu, die unter den Augen der Bedürftigen ganz hilflos agieren (Markus 6,37). Sie sollten ihnen zu essen geben – aber woher nehmen? Von dieser Geschichte können wir viel lernen. Denn schließlich wandten sich die Jünger nicht aneinander. Nicht an Petrus den Starken oder an Johannes den Weisen, nicht an Barnabas den Barmherzigen und auch nicht an Simeon den Einfallsreichen. Mit dem Wenigen, das sie hatten, rief sie Jesus zu sich. Und sie kamen. Was sie hatten, brachten sie ihm, obgleich ihnen der Plan ihres Meisters, den Hunger tausender Menschen zu stillen, ein wenig verwegen oder gar abwegig erschien. Das Eigenartige ist, dass wir uns oft nicht in der Rolle der Jünger, sondern an Jesu Stelle sehen. Es taucht eine Erwartung auf und wir fühlen uns verpflichtet. Wir denken, jetzt kommt es drauf an! Das ist meine Aufgabe. Wir strengen uns an, fest davon überzeugt, dass wir mit etwas Besonderem aufwarten müssten. Doch Jesus fragt uns, seine Jünger, lediglich nach dem, was wir haben. Das gilt es, ihm zur Verfügung zu stellen.

Der Wunsch, gebraucht zu werden

Unvorbereitet marschierte ich in den Anfangsjahren meines Dienstes in Gespräche hinein, die mir zur Last wurden. Die Leute luden ihren Ballast in meinem Seelsorgezimmer ab und als sie längst verschwunden waren, war ich noch immer damit beschäftigt, ihre Sorgen und Sünden aus meinen Erinnerungen, Herzen und Fantasien zu kehren. Zunächst von mir unbemerkt, sammelte sich in mir vieles an, was nicht in mein Herz gehörte, sondern vor Gottes Ohr, ans Kreuz Jesu oder in den Alltag dieser Menschen. Von jedem Gespräch fertigte ich mir ein Gesprächsprotokoll, trieb viel Analyse und entwickelte anhand meiner Hypothesen Lösungsansätze für die Ratsuchenden. Natürlich halfen sie ihnen nicht wirklich. Doch weil sie dies scheinbar von mir erwarteten und tatsächlich auch öfter forderten, geriet ich zunehmend ins Minus.

Seelsorgerliche Gespräche bringen die Versuchung mit sich, zu meinen, wissen zu müssen, was dem Ratsuchenden gesagt sein soll und gesagt werden muss. Aber tatsächlich übernehme ich mich damit und Gott verweigert sich diesem Bemühen. Heute achte ich darum in Gesprächen stärker auf mich selbst: Wann verliere ich den eigenverantwortlichen Menschen vor mir aus dem Blick und mutiere zum (angemaßten) Fachmann? Wie sollte ich wissen, was der andere wirklich braucht? Und selbst wenn ich mit meiner Erkenntnis richtig liege, so steht es nicht in meiner Macht, dass der Ratsuchende sie auch umsetzt. Probleme anderer Leute lösen zu wollen, ist eine hoffnungslose Überforderung und erschöpft deshalb zwangsläufig.

Was ist los mit mir?

Wie oft saß ich mit Seelsorgesuchenden zusammen und war überrascht, dass sie in der Zeit zwischen unseren Treffen weniger über ihr Problem nachgedacht hatten als ich. Von Verhaltensänderungen oder auch nur echtem Bemühen darum keine Spur. Offensichtlich lief da etwas falsch und zu oft habe ich mich darüber erschöpft. Mal trieb mich falsche Sympathie dazu, ein anderes Mal eine Art Helfersyndrom, manchmal ging es mir um meine Reputation und ganz schlicht um den persönlichen Stolz. In schief eingestielten seelsorgerlichen Begegnungen habe ich manches Lehrgeld bezahlt. Ein Meister angemessener Nähe und nötiger Distanz bin ich immer noch nicht, aber mir hilft es in Seelsorgegesprächen, auf »innere Botschafter« zu achten. Sie bewahren mich davor, zu viel innere Substanz zu verbrennen: Fühle ich mich im Gespräch müde, gelangweilt, angespannt oder ängstlich?

Wenn ja, dann muss ich gegensteuern, um eigenes Ausbrennen zu vermeiden. Dann gilt es, meine Empfindung in das Gespräch einzubringen. Das fällt mir nicht immer leicht. Aber ich habe gelernt, dass es mir und dem Ratsuchenden hilft. Beiderseits gibt es die Chance, der eigenen Seele einen guten Dienst zu erweisen. Ich kenne Seelsorger, die einige Gespräche an einem Tag führen können und beim letzten noch so konzentriert und aufmerksam sind wie beim ersten. Warum strengen sie sich in den Gesprächen so viel weniger an als ich? Weil für sie die Aufgabenverteilung klar geregelt ist. Wie der Ratsuchende in sich hineinzuhören hat, wenn er gesunden will, muss ich als Seelsorger für mich selber sorgen, um seelisch, geistlich und körperlich gesund zu bleiben.

Merksätze

- *Ich bin nicht dazu da, andere glücklich zu machen oder ihre Probleme zu lösen. Ich muss diese Welt nicht (mehr) retten.*
- *Wenn ich mich mit der Rolle des Übermächtigen identifiziere, inszeniere ich meinen eigenen Burnout.*
- *Es sättigt mich geistlich, selbst zu kauen und zu verdauen, was ich anderen serviere.*
- *Was gehört nicht in mein Herz, sondern in den Alltag der Menschen bzw. ans Kreuz?*

Wo finde ich das Glück?

Gute Nachricht?

»Wenn einer von euch einen Sklaven hat, der pflügt oder das Vieh hütet, wird er etwa zu ihm, wenn er vom Feld kommt, sagen: Nimm gleich Platz zum Essen? Wird er nicht vielmehr zu ihm sagen: Mach mir etwas zu essen, gürte dich, und bediene mich; wenn ich gegessen und getrunken habe, kannst auch du essen und trinken. Bedankt er sich etwa bei dem Sklaven, weil er getan hat, was ihm befohlen wurde? So soll es auch bei euch sein: Wenn ihr alles getan habt, was euch befohlen wurde, sollt ihr sagen: Wir sind unnütze Sklaven; wir haben nur unsere Schuldigkeit getan.«

Lukas 17,7-10 (Einheitsübersetzung)

Bei den meisten von uns löst das Gleichnis zunächst Empörung oder zumindest unausgesprochene Auflehnung aus. So viel geschuftet und nichts als Spesen, nicht einmal ein Dank? Bin ich erschöpft oder habe ich mich verausgabt, finde ich bestimmte Aussagen Jesu sehr ärgerlich. Bin ich mit meiner Kraft am Ende, dann will ich etwas hören, das mich aufbaut – und nicht noch eine zusätzliche Last aufgebürdet bekommen. Wenigstens ein Dankeschön sollte es doch auch in der Nachfolge Jesu geben, denke ich.

Ich habe festgestellt, dass es nicht nur mir so geht. Erleben wir uns schwach, wünschen wir uns eine Ermutigung und keine Zurechtweisung. Ich habe aber auch beobachtet, dass sanfte Töne genau das Falsche sein können. Statt Besserung zu bewirken, verleitet die Rücksichtnahme und Freundlichkeit häufig dazu, in verirrtem Denken und ungesundem Verhalten zu verharren. Freundliche, zu verständnisvolle Rede am falschen Ort tut zwar augenblicklich gut, weil wir uns dann versorgt und verstanden fühlen. Langfristig ist uns dadurch aber nur selten geholfen. Wenn wir ein Problem mit dem Gleichnis Jesu haben, zeigt das an, wo der Hund begraben liegt. Ursache wird eine verkehrte Einstellung zur Arbeit sein. Wer sein Selbstwertgefühl an die erbrachte Arbeitsleistung koppelt, muss durch klare Worte Jesu wieder zurechtgebracht werden. Was ist die Gute Nachricht dieses Gleichnisses? Wir sind unnütze Sklaven; wir haben nur unsere Schuldigkeit getan!

Falsches Maß

Das »Kant-Jahr«[5] liegt noch nicht lange zurück. Der berühmte Philosoph und das Zeitalter der Aufklärung haben in der Moderne die Vorstellung von Erwachsensein geprägt. Als erwachsen galt demnach, wer sein Leben autonom und rational gestaltete. Frei von allen Autoritäten, die nicht auf Vernunft beruhen. Doch war es in der »Moderne« üblich, den Erwachsenen als erwerbstätig, erfolgreich und unabhängig zu beschreiben, ist es vielen Menschen heute im Zeitalter der »Postmoderne« gar nicht mehr möglich, dem beschriebenen Erwachsenenbild zu entsprechen. Nicht nur die Massenarbeitslosigkeit beraubt viele des »idealen Status«. Ganze Personengruppen werden damit ausgegrenzt wie z. B. Behinderte, Alte, erziehende Mütter, Kranke oder weniger leistungsfähige Menschen.

Es ist unmenschlich, wenn wir nur nach unserem beruflichen Erfolg, nach unserer beruflichen Position und nach unserem Einkommen bewertet werden. Denn viele Jugendliche finden erst gar keine Arbeit und viele Berufstätige verlieren sie wieder. Die Beobachtung überrascht, dass sich unter dieser Personengruppe Burnout offensichtlich ebenso findet wie unter Berufstätigen. Das Phänomen erklärt sich nicht zuletzt aus der hohen sozialen Bedeutung, die in einer Leistungsgesellschaft wie der unseren Erfolg und finanzieller Unabhängigkeit zugemessen wird. Entfällt die Möglichkeit, auf diesem Gebiet den eigenen Persönlichkeitswert zu definieren, mündet dies nicht selten in eine depressive Erkrankung der unfreiwillig Betroffenen. Deswegen ist Jesu Gleichnis genau das Anti-Stress-Programm, das wir brauchen!

---

[5] Zum 200. Todestag des Gelehrten Immanuel Kant (1724–1804)

Jesu Anti-Stress-Programm

Das obige Gleichnis weckt in uns Ablehnung: undankbarer Herr! Jesus rechnete, so denke ich, mit dieser Emotion. Denn er will uns zu der Erkenntnis leiten, dass in Wahrheit Dank und Lohn nicht so wichtig für uns sind, wie wir oft meinen. Belobigung wirkt, dass wir immer noch mehr machen wollen. So ist Jesu Gleichnis ein Korrektiv zu vorgeblichem Lob, das nicht den Menschen fördern will, sondern lediglich eine weitere Steigerung seiner Arbeitsleistung im Sinn hat. Für ein derartiges Motivationsseminar ist Jesu Gleichnis ungeeignet. Denn hier tut der Knecht nur, was ein Knecht zu tun hat. Das war's! Was bedeutet: Keiner gilt vor Gott als Mensch etwas durch das, was er tut! Auch nicht durch das, was er religiös leistet – an Taten oder geistlicher Gesinnung. Nur wenn wir wissen, wem wir uns verdanken, finden wir »Lohn«, der uns aufatmen lässt.

In allen Lebensbezügen tun, was uns aufgetragen ist – das ist genug. So sind wir geschützt vor Frust und Stolz. Dann machen wir uns nicht abhängig von unserer Arbeit und ihrem Ertrag! »Ich will der/die Beste sein« und »Ich darf unter keinen Umständen einen Fehler machen« – das sind unsere eigenen Gesetze, denen wir uns um den Preis des Burnout unterworfen haben.

Vergleichen wir Jesu Geschichte noch etwas eingehender mit unserer Arbeitswelt, wird deutlich: Es ist leider normal, vom Vorgesetzten kein Lob für die getane Arbeit zu ernten. Das beklagen viele. Jesus sagt: Der Arbeiter bekommt Lohn, den er sich verdient hat. Wer dagegen Arbeit benutzt, um sein Selbstwertgefühl zu steigern, begibt sich auf einen Irrweg. Er führt in die immer enger werdenden Windungen einer sich stets höher schraubenden Leistungsspirale. Es gibt Tugenden, zu denen wir hinaufsteigen, und solche, zu denen wir hinabsteigen müssen. Arbeit als Dienst zu verstehen, gehört zur zweiten Gruppe.

Eltern versuchen ihren Kindern gerecht zu werden und finden deswegen oft kaum noch Zeit für sich selbst. Männer und Frauen geben im Beruf ihr Bestes und sind immer wieder zu neuen Leistungen herausgefordert. Oft ist unser Stress aber auch hausgemacht. Viele Wünsche und Bedürfnisse führen in uns ihr Eigenleben: Dies und das wäre noch zu besitzen, auf jene Anerkennung legen wir großen Wert, die berufliche Fortbildung und Qualifikation rangiert weit vorn, Hobby und private Unternehmungen erfordern Energie und nehmen die Gedanken in Beschlag.

Unersättliche Wünsche

Wir können uns heute vieles leisten und die Möglichkeiten zur persönlichen Entfaltung sind weit gefächert. Aber wir erfahren auch, wie unersättlich unsere Wünsche sind. Ist das eine erreicht, meldet sich ein neues Bedürfnis, ein neuer Anspruch, eine neue Herausforderung. Auf die Dauer beglückt diese Form von Lebensgestaltung nicht. Indem wir immer mehr erleben, mitnehmen und an Eindrücken gewinnen, verlieren wir uns selbst und der Wunsch nach weiterer Zerstreuung greift immer gieriger nach uns. Die Heiligkeit Gottes zu betrachten, kann hier sehr heilsam sein. »Ein Tag in deinen Vorhöfen ist besser als sonst tausend«, sagt der Psalmist (Psalm 84,11) und drückt damit aus, was Petrus, Jakobus und Johannes bei der Verklärung ihres Herrn motivierte, Hütten zu bauen.

Sechs Tage später nahm Jesus die drei Jünger Petrus, Jakobus und Johannes, den Bruder von Jakobus, mit sich und führte sie auf einen hohen Berg. Sonst war niemand bei ihnen. Vor den Augen der Jünger ging mit Jesus eine Verwandlung vor sich: Sein Gesicht leuchtete wie die Sonne, und seine Kleider wurden strahlend weiß. Und dann sahen sie auf einmal Mose und Elija bei Jesus stehen und mit ihm reden.

Da sagte Petrus zu Jesus: »Wie gut, dass wir hier sind, Herr! Wenn du willst, schlage ich hier drei Zelte auf, eins für dich, eins für Mose und eins für Elija.« Während er noch redete, erschien eine leuchtende Wolke über ihnen, und eine Stimme aus der Wolke sagte: »Dies ist mein Sohn, ihm gilt meine Liebe, ihn habe ich erwählt. Auf ihn sollt ihr hören!« Als die Jünger diese Worte hörten, warfen sie sich voller Angst nieder, das Gesicht zur Erde.

Aber Jesus trat zu ihnen, berührte sie und sagte: »Steht auf, habt keine Angst!« Als sie aufblickten, sahen sie nur noch Jesus allein. Während sie den Berg hinunterstiegen, befahl er ihnen: »Sprecht zu niemand über das, was ihr gesehen habt, bis der Menschensohn vom Tod auferweckt ist.«

Matthäus 17,1-9

Ich habe ein Geschlecht, bin 46 Jahre alt, unterschreibe mit meiner Unterschrift, ich habe eine Heimat, eine Sprache, eine Ursprungsfamilie. Meine letzte Identität finde ich jedoch durch Christus. Er garantiert, dass meine Persönlichkeit gewahrt bleibt. Das bedeutet, dass ich sie nicht in irgendeiner Weise erreichen oder erarbeiten oder erkaufen kann. Sie ist als Gabe Gottes reines Geschenk an mich. Wenn zu Beginn eines Tages in der Stille vor Gott sein Licht in mich hineinfällt, dann verliert all das, was mich sonst in seinen Bann ziehen will, an Glanz und Verlockung. Gott in seiner heiligen Einmaligkeit anzubeten befreit mich aus der Versuchung, mir beispielsweise durch Konsum aller möglichen Nebensächlichkeiten meinen Alltag zu versüßen. Das Große wird mir wirklich groß und das Kleine wird endlich klein, wenn ich etwas von Gottes Größe begreife.

Für mich ist es tief beglückend, Gottes Heiligkeit zu bewundern. Das Anschauen der Herrlichkeit Gottes reguliert meine menschlichen Sehnsüchte. Im Abglanz seiner Pracht relativiert sich alle Herrlichkeit, die diese Erde zu bieten hat. Das ist kein Plädoyer gegen irdische Lebensfreude. Vielmehr öffnet mir die Gottesbegegnung eine Lebensfreude, die alles andere in den Schatten stellt. Selbst wenn ich Jesus misstraue, ihm gleichgültig gegenüberstehe, ihn missachte oder sogar als Feind betrachte, ist er mir durch seine Liebe zuvorgekommen und hat mich zur Begegnung mit ihm geschaffen. Dazu sind alle Menschen berufen! Denn Jesus gab sein Leben für alle Menschen zur Vergebung ihrer Sünden (Matthäus 26,28). Das ist geschehen und durch nichts aus der Welt zu schaffen. In dieser Wirklichkeit stehen, darin seinen »Stand haben«, wie es Paulus formuliert, stiftet Identität!

Wo ist Gott?

Darum muss Paulus, wenn er sich der Hoffnung rühmt (Römer 5,2; 2. Korinther 10,15), nicht die Realität der Gegenwart überspringen. Wir bleiben einer Welt ausgesetzt, die vielfältige Begehrlichkeiten weckt. »Wo ist Gott?«, fragen in dieser Situation Nichtchristen wie Christen. Nichtchristen fragen so, um in der vorweggenommenen Antwort bestätigt zu finden, dass es Gott nicht gibt und Glück deswegen darin besteht, das »pralle Leben« auszukosten. Bei genauerem Nachdenken bleibt von diesen Vergnüglichkeiten allerdings nicht viel. Konsum jeder Art befriedigt unseren Lebensdurst nur sehr kurzzeitig – wir mögen vom Leben so viel mitnehmen, wie wir wollen.

Auch Christen sind zuweilen von Gott enttäuscht und fragen dann ebenfalls nach ihm. Gerade weil wir in der Gewissheit leben, dass Gott ist und dass es seine Herrlichkeit gibt, zweifeln wir an ihm. Nicht trotz, sondern gerade weil wir an Jesus glauben, schmerzt uns alles, was dieser Fülle Gottes entgegensteht. Das schafft eine Traurigkeit und Mühe, die auch Paulus beklagt, der er sich aber nicht ausgeliefert fühlt. Vielmehr schafft ihm die Betrübnis Geduld, die Geduld Bewährung, die Bewährung Hoffnung. Geduld bewährt unseren Glauben, weil uns das Leiden an Gottes Ferne und an der Macht des Bösen den Stand, in dem wir stehen, unmittelbar verdeutlicht.

Merksätze

- *In Wahrheit sind Dank und Lohn für uns nicht so wichtig, wie wir oft meinen.*
- *Tun, was uns aufgetragen ist – das ist genug!*
- *Durch ein Zuviel an Zerstreuung verliere ich mich selbst.*
- *Das Anschauen der Herrlichkeit Gottes reguliert meine menschlichen Sehnsüchte.*
- *Nicht trotz, sondern wegen des Glaubens an Jesus schmerzt alles, was der Fülle Gottes entgegensteht.*

Alles unter Kontrolle?

Mit dem Vater verbunden

Jesu Leben, wie es uns in den Evangelien geschildert wird, fasziniert mich immer wieder. Er verschenkte sich fortwährend an andere Menschen. Jesus verteilte seine Liebe und Zuwendung unter den Menschen so großzügig, dass es mir den Atem nimmt. Ich gewinne bei alledem aber nicht den Eindruck, dass Jesus sich darüber verzehrte, aufrieb, verlor oder gar selbst zugrunde richtete. Ich finde bei ihm auch kein Betteln um Anerkennung der Menschen, auch kein Machtgebaren, um sich vor Verletzungen zu schützen. Jesus diente sich den Menschen nicht an, um sie für sich zu gewinnen. Er zog sich umgekehrt auch nicht in erhabenem Dünkel von ihnen zurück. Jesus protzte nicht mit Wissen und an sozialem Prestige war ihm nicht gelegen. Er gierte nicht nach Bewunderern, sondern erduldete es, von anderen klugen Leuten als Spinner und Fantast belächelt zu werden. Er unterwarf sich nicht den Mächtigen. Selbst vor seiner Hinrichtung zeigte sich Jesus unerschrocken, aber nicht heroisch. Er weinte in Angst und Schmerz und suchte in dieser Stunde die Nähe der Jünger. Dennoch verzweifelte er nicht, als sie ihn im Stich ließen. Wie ist das möglich? Der Schlüssel ist offenbar Jesu liebende Verbundenheit mit dem Vater.

Jesus wusste sich unbegrenzt geliebt und von seinem Vater im Himmel bejaht. Darum liebte er unbegrenzt. Er gab sich (bis zum Tod) völlig hin und verlor sich darüber doch nicht. Als Pontius Pilatus ihn kopfschüttelnd und zugleich verunsichert fragt, ob er denn nicht wisse, dass er Macht habe, ihn zu kreuzigen oder ihm das Leben zu schenken, antwortet Jesus: »Du hättest keine Macht über mich, wenn Gott es nicht zugelassen hätte« (Johannes 19,11). Das ist es offensichtlich, was Jesu Menschsein und Selbstgewissheit auszeichnete. Ganz vom Vater abhängig, wollte er nichts für sich selbst, außer den Willen des Vaters zu erfüllen. Sein Gottesbewusstsein stärkte sein Selbstbewusstsein in einer Art, die ihn befähigte, auch seine Feinde zu lieben. Wäre der ältere Bruder im Gleichnis vom verlorenen Sohn (Lukas 15,11-32) Jesus, dann wüsste dieser ältere Bruder, dass ihm alle Besitztümer des Vaters gehören. Darum kann er den Vater rückhaltlos lieben und ihm von Herzen dienen.

Rollenspiele

Man sagt mir ein schauspielerisches Talent nach. Bin ich ehrlich, habe ich tatsächlich eine gewisse Freude an Rollenspielen. Der Spaß daran, auf der Bühne zu stehen, hat allerdings auch seine Kehrseite: Ein Pastor ist kein Entertainer.

In jedem Fall aber finden meine Worte bei den Hörern Widerhall. Als Verkündiger spüre ich das deutlich. Und ich weiß um die Gefahr, Menschen durch rhetorische Kunst gefangen zu nehmen. Das ist weder verwerflich noch verboten und eine Predigt oder ein Vortrag sollten auch nicht möglichst trocken, aber akademisch anspruchsvoll, nichtssagend, aber fromm daherkommen. Ich mag keine Reden, bei denen ich nach wenigen Minuten ahne, wie es weitergehen wird, bei denen ich auf keinen Höhepunkt mehr hoffen darf und das Fahrwasser, in dem sich der Vortragende bewegt, nicht mehr an Abwechslung bietet als eine Fahrt auf dem Weser-Ems-Kanal. Doch was ich aus dem Lehrbuch der Rhetorik weiß und in die Verkündigung des Evangeliums einbringe, darf nicht zur »überredenden Weisheitsrede« (1. Korinther 2,4) entarten.

Mein Beruf ist es, mit dem einen Wort Gottes und den vielen Worten das »eine (Gottes-)Wort« zu verkündigen. Oft fürchte ich mich davor, es zu missbrauchen. Es liegt so nahe, manipulierende Mittel zu nutzen, um Menschen zu beeinflussen. Manchmal hatte ich nach einer Predigt aber auch den Eindruck, meine einzigen Zuhörer wären verirrte Tagungsteilnehmer des Seminars »Hüter der deutschen Grammatik« gewesen. Mittlerweile trage ich mir aber keinen Versprecher (und selbst die falsche Anwendung des Genitivs) mehr nach. Das entspannt enorm.

Kontrolle ausüben ermüdet

Mir ist klar, dass ich nicht perfekt bin. Mir ist aber auch bewusst, dass ich niemals perfekt sein kann. Darum will ich wichtige Dinge sorgfältig tun, aber ich strebe es nicht an, nie mehr Fehler zu machen. Dementsprechend mache ich mich auch nicht mehr so sehr von den Beurteilungen anderer abhängig – das schützt mich vor Selbstüberforderung. Ebenso verzichte ich darauf, ständig Menschen und Situationen zu bewerten oder gar beherrschen zu wollen.

Trotzdem schlägt dieser Regulierungswille bei mir in Phasen starker beruflicher Belastung immer noch durch. Problematisch daran ist vor allem, dass sich meine Anspannung dann oft mit privaten Belangen vermischt. Aber was haben die Schulangelegenheiten meiner Kinder, die x-te PKW-Reparatur und der verregnete Urlaub mit meinem Beruf zu tun? Nichts – auf der sachlichen Ebene betrachtet. Doch die unsichtbaren Verbindungsstränge zwischen Berufs- und Privatleben, zwischen Anspannung hier und Sorgen da sind stärker, als es mein Verstand wahrhaben will. In der Analyse kann ich mir diesen Sachverhalt immer wieder vor Augen führen. Doch die notwendige Trennung von Beruf und Privatsphäre gelingt mir nicht, ohne mit Personen meines Vertrauens darüber zu sprechen. Wenn mein Sorgenspeicher überfließt und ich vor innerer Anspannung fast zu zerspringen drohe, hat ein offen geführtes Gespräch ohne Belehrungen oft eine ungeheuer befreiende und reinigende Wirkung!

Nur sehr wiederstrebend habe ich allmählich erkannt und akzeptiert, dass mein Bedürfnis nach umfassender Kontrolle über kritische Situationen ein hoher Ausbrennfaktor ist. Doch eines der großen Geschenke, die uns Gott gemacht hat, ist unsere Lernfähigkeit. Nicht nur gedanklich, sondern auch emotional. Wenn ich keine Möglichkeit mehr sehe, Probleme in den Griff zu bekommen, mehr noch, wenn ich mich sehr um liebe Menschen sorge, hilft mir die Rückschau auf mein bisheriges Leben. So gut, wie Gott mich geführt hat, so gut will er auch die Menschen führen, die ich besonders liebe. Darum bete ich gern mit Martin Luthers

Morgensegen: »... ich befehle mich, mein Leib und Seele und alles in deine Hände«. In die Bitte füge ich hinter »Seele« die Namen meiner Frau und Kinder ein. Das »alles« ist mir in diesem Gebet überdies zu einer Quelle von Zuversicht und Hoffnung geworden. Geht doch meine Sorge um mich, um den Beruf und um andere Menschen von dem Irrtum aus, all das in meine Obhut nehmen zu können.

Die Bitte an Gott, die *alles* in seine Hände legt, formuliere ich nicht aus. Denn ich habe festgestellt, dass es dadurch nicht ruhiger in mir wird. Im Gegenteil: Wenn ich mir im Gebet jedes Detail meiner inneren Unruhe immer wieder vor Augen führe, versinke ich in ihrem Sog. Lege ich es aber ab und in Jesu Hände, indem ich sage »das alles befehle ich dir an«, rückt das Bedrängende deutlich von mir ab. Denn was weiß ich tatsächlich von dem, was kommen wird? Und wenn ich es nicht kenne: Wie will ich mich selbst darauf vorbereiten oder davor schützen?

Menschen kontrollieren zu wollen, ist ein sehr anstrengender Wunsch. Weil wir über andere Menschen nie vollständig Macht haben können und auch nicht haben sollen, erschöpfen wir uns bei diesem Versuch. Das wiederum verleitet zu Machtmissbrauch und Unterdrückung. Alle totalitären Systeme und Religionen, Ideologien und Kulte sind dadurch gekennzeichnet. Gegen die Beherrschung anderer Menschen erhebt Gottes Segen grundsätzlichen Einspruch. Was für ein Segen, dass die Menschen unterschiedlich sind! Was für ein Segen, dass Gott uns mit je eigenem Willen ausgestattet hat! Doch das, was wir als Gabe für uns persönlich erleben, müssen wir auch anderen zugestehen. »Der oder die müsste doch schon längst viel weiter sein ...«, denken wir. Diese Überzeugung geht von einem bestimmten Vor-Urteil aus. Es legt einen Maßstab an, der aus dem eigenen Leben erwachsen ist. Aber das Evangelium ist nur da Evangelium, wo seine zutiefst barmherzige Sicht des Menschen deutlich wird.

Sünde brennt aus, Vergebung entlastet

Sünde in meinem Leben brennt mich aus. Mit Gott zu leben ist einfach. Sünde aber ist kompliziert. Ein trauriges Herz und ein gestörter Sinn ersticken den Glauben, der aufatmen lässt. Will ich dem vorbeugen, muss ich mit mir selbst, mit meinem Mitmenschen und mit Gott im Reinen sein. Ich diene Gott bestmöglich, wenn ich mit ihm, mit mir, mit meiner Arbeit und mit meiner Umwelt im Einklang bin. Dann bin ich glücklich. Denn es ist nicht so, dass ich nach reichlicher Beschäftigung mit mir selbst und allerlei Selbstverwirklichung ausgeglichen und entspannt wäre. Ich kann eine Menge für mich tun: ein begeisterndes Hobby haben, mich gesund ernähren, Sport treiben, mir Ruhepausen gönnen und Highlights genießen. Aber trotzdem kann der Glaube an Jesus ein Fremdkörper in meiner Seele bleiben, der zusammenhangslos neben alledem existiert. Das ist ein Ausbrennfaktor allerersten Ranges.

Konflikte mit Menschen können nur gelöst werden, wo sie entstanden sind. Das ist in der Christusbeziehung nicht anders. Darum ist die Reinigung meiner Seele von Schuld so wichtig. Sie hat Vorrang vor allem anderen, wenn ich »ein Ganzer« und mit mir eins sein will.

Vergeben bedeutet so viel wie »weggeben« oder »fortgeben«. Vergebe ich, lasse ich los, was ich gegen einen anderen in der Hand hatte. Christ sein und Mensch bleiben – das funktioniert nur zusammen mit der Freude, die Gottes Vergebung ermöglicht. Denn unvergebene Schuld nimmt gefangen. Sie macht befangen gegenüber Mitmenschen, sie macht hilflos im Umgang mit Tätern, sie macht wütend gegenüber selbstgerechten Menschen, sie macht uns zum Spielball unserer Empfindungen. Entlasse ich Menschen nicht aus dem Gefängnis meines Herzens, binde ich mich durch Unversöhnlichkeit weiter an sie. Meinen Schuldigern nicht zu vergeben, schadet nicht nur ihnen, sondern auch mir selbst.

Jesu Aufforderung zur Vergebungsbereitschaft hat deshalb auch seelsorgerliche Absicht. Bei Unversöhnlichkeit bleibt Bitterkeit im Herzen zurück, die uns das Leben sauer macht. Vergeben wir aber den Menschen, die an uns schuldig wurden, werden wir frei von dem Gift, das sie durch ihre Taten in unsere Seele injizierten. Behaltene Schuld nimmt uns gefangen, vergebene Schuld befreit aus einem Gefängnis. Wir müssen uns um die Vergebung der eigenen Schuld kümmern und um die, die andere uns angetan haben. Dem geht voraus, mir meine eigene Verletzbarkeit einzugestehen. Dann stellt sich die Frage: Bin ich bereit zum Abschied? Oft wollen wir nicht einsehen, dass schuldige Menschen unbestraft von uns ziehen dürfen. Wir fordern Genugtuung und brauchen lange, bis uns klar wird, dass jede Genugtuung nicht genug wäre, um unsere verwundete Seele zu trösten.[6]

Ein Brillant in deiner Hand

Es gibt keine Macht, die das, was Jesu Vergebung bewirkt hat, infrage stellen kann. Das ist unsere Hoffnung, weil die Liebe Gottes durch den Heiligen Geist in unsere Herzen ausgeschüttet ist. Alles, was ausgegossen wird, ist unmittelbar mit einem Gefäß verbunden. Das Gefäß, aus dem Gott seine Liebe ausgießt, ist sein Geist. Das Gefäß, in das er seine Liebe eingießt, sind unsere Herzen. Gott schenkt uns, unfassbar für den Verstand, aber erlebbar, sein Eigenstes, Heiliges – den Heiligen Geist! Er bezeugt, dass uns wirklich vergeben ist. Mit dem Bild der ausgegossenen Liebe Gottes in das Gefäß unserer Herzen ergänzt Paulus das Faktum unseres Schuldfreispruchs durch Jesu Opfertod. Die theologische Erkenntnis von Paulus ist durch unsere praktische Erfahrung gedeckt. Der Heilige Geist, der uns Gottes Liebe bezeugt, ist kein Wahn und keine bloße Wunschvorstellung, nur weil wir diesen Zuspruch nicht rational, sondern emotional mit unseren Herzen erfassen. Die Gabe seines Geistes ist wie ein unsagbar kostbarer Brillant in unserer Hand. Gott hat uns seinen Geist anvertraut, durch den das ganze Universum erst geschaffen ist! Was er uns bezeugt, darauf können wir uns verlassen!

---

[6] Arne Völkel, Geschenkte Freiheit. Zehn Schritte zur Vergebung, Johannis Verlag, Lahr 2002

Merksätze

- *Mache ich mich nicht länger von den Beurteilungen anderer abhängig, schützt mich das vor Selbstüberforderung.*
- *Ein offen geführtes Gespräch wirkt befreiend und reinigend.*
- *Menschen kontrollieren zu wollen, ist ein sehr anstrengender Wunsch.*
- *Das Evangelium hat immer eine zutiefst barmherzige Sicht des Menschen.*
- *Behaltene Schuld nimmt uns gefangen, vergebene Schuld befreit aus einem Gefängnis.*

Bei mir zu Hause sein

Vom Kind zum Erwachsenen

Früher wünschte ich mir oft, dass Gott mein Leben in seine Hand nähme. Ich stellte mir vor, er habe für mein Leben einen festgelegten Plan. In dieser Fantasie ging es darum, Gott zu animieren, seinen Plan mit mir endlich ins Werk zu setzen. Nicht nur das Ziel meines Lebens, so wurde mir damals von verschiedenen Seiten vermittelt, will Gott bestimmen, sondern jeden einzelnen meiner Schritte und alle meine Entscheidungen. Ich musste erst einen Berg an Erfahrungen sammeln, die dieser Theorie widersprachen, bevor ich mich von dieser deterministischen Vorstellung verabschieden konnte. Wie ich vom Kind zum Erwachsenen heranwuchs, musste ich auch im Glauben ablegen, was kindisch war. Denn es ist nicht fromm, klein und hilflos zu sein. Meine Form kindischen Glaubens war die Haltung, in der ich von Gott hauptsächlich die Bewahrung vor Unglück und Problemen erwartete. Aber es gibt keinen Plan Gottes für mein Leben, der sich ohne mein Zutun märchenhaft selbst erfüllen wird. Das war nicht so sehr egoistisch gedacht, sondern aus einem Gefühl der Überforderung geboren, das mich hinderte, das Leben anzupacken.

Unter Christen gibt es den verbreiteten Wunsch nach authentischer Glaubenserfahrung. Mit diesem Bedürfnis geht eine tiefe gesellschaftliche und psychologische Verunsicherung einher. Die politischen Entscheidungen werden immer undurchschaubarer, die Wirtschaftsprozesse entwickeln eine nicht mehr nachvollziehbare Eigendynamik, verbindliche gesellschaftliche und ethische Werte sind auf dem Rückzug. In vielen Bereichen unseres täglichen Lebens erfahren wir die Zufälligkeit unseres Daseins. Wir sind mit dem Schrecken einer Freiheit konfrontiert, die mit Unordnung und Chaos droht. Je mehr dieses Lebensgefühl um sich greift, desto stärker wächst in uns das Bedürfnis nach gewissem

Glauben. Und umso mehr verunsichern Erfahrungen, die diesem Wunsch entgegenstehen. Gott schweigt, und wir verstehen das nicht. So schwankt mit unserem Vertrauen auch unser Gottesbild vom liebenden Vater, der Halt und Schutz verspricht.

Das Problem ist variantenreich. Betrachten wir es auf dem Hintergrund unserer Reifung zum Erwachsenen. Folgender Hinweis von Paulus verdient Beachtung: »Einst, als ich noch ein Kind war, da redete ich wie ein Kind, ich fühlte und dachte wie ein Kind. Als ich dann aber erwachsen war, habe ich die kindlichen Vorstellungen abgelegt« (1. Korinther 13,11). Wenn wir den Eindruck haben, dem Leben selbst nicht genügen zu können, stehen wir in Gefahr, unsere Lebensverantwortung an Gott, den Vater abzutreten. Psychologisch betrachtet sucht sich ein vereinsamtes, allein gelassenes und ängstliches Kind einen starken Papa. Sigmund Freud kritisierte, der christliche Glaube hindere den Menschen, persönlich zu reifen, da er den Erwachsenen auf ein ihm unangemessenes Kindverhalten festlege und zur Unselbstständigkeit erziehe. Der allmächtige Gott trete lediglich an die Stelle des übergroßen Vaters.

Ausbrennen durch Furchtsamkeit

In ungeklärten Ängsten und mit verdrängten Aggressionen hegte ich als Jugendlicher Gott gegenüber viele Vorbehalte. Ich war sehr unglücklich mit ihm. Unbewusst, denke ich heute, verachtete ich Gott sogar in der Tiefe meines Herzens. Er war allwissend und allmächtig, aber unerreichbar und nicht zu bewegen, mir in meinen Problemen wirklich zu helfen. Ich versuchte auf dem Schoß des himmlischen Vaters zu finden, was mir das Leben vorenthielt. Ein Thema, das im Alten Testament in manchen Psalmen durchzuschimmern scheint: Der himmlische Vater erfüllt nicht alle Wünsche. Mit derartigen Erwartungen sind wir wie Kinder und stehen noch ganz am Anfang. Wie die Psalmbeter müssen wir lernen, damit fertig zu werden.

Mein Eindruck ist, dass viele Christen Ähnliches erleiden wie ich damals. Aber nicht wenige von uns sind darüber dem Jugendalter entwachsen und zu Erwachsenen geworden. Wie dem Kind muss uns jedoch klar werden, dass uns nicht alles, was wir haben möchten, von Gott versprochen ist. Anders gesagt: Der Glaube taugt nicht zum Lebensersatz, aber er hilft zur Lebensgestaltung!

Sehr häufig ist die Furcht vor der Eigenständigkeit anerzogen. Etwa dadurch, dass uns nie etwas zugetraut oder zugemutet wurde. Wir hörten etwa immer: Das kannst du nicht, lass es besser, du übernimmst dich. Wir durften vielleicht unsere eigenen Möglichkeiten nie wirklich austesten. Oder jeder Widerstand des Lebens und alle Anstrengung des Lernens und der Verpflichtung wurden von uns fern gehalten. Deswegen reagieren wir vielleicht – ohne uns dessen bewusst zu sein – konsequent ängstlich gegenüber der Welt und ihren manchmal harten Anforderungen. Die eigene Entschlusskraft ist verkümmert. Irgendwann haben wir es schließlich als unabänderliches Schicksal hingenommen, dass unsere persönlichen Grenzen so eng gezogen sind. Entsprechend ist auch das Glaubensleben geprägt. Der Glaube ist hauptsächlich zu einer Fluchtburg für alle Bedrängten und Verfolgten, einer Asylstätte für Lebensflüchtige geworden. Aber nochmals: Es ist nicht fromm, vor Gott klein und hilflos zu sein! Jesus will uns hineinwachsen lassen in die Gottes- *und* in die Selbstliebe. Wir sollen fähig werden, Verantwortung für unsere eigenen Belange und für den Nächsten zu übernehmen.

Werde erwachsen!

Gott mutet mir durchaus zu, mich selbst um das kümmern zu müssen, was ich brauche. Der Glaube trägt mir nicht das Glück dieser Welt zu. Er erübrigt kein Arbeiten, keinen Fleiß, auch keinen gesunden Ehrgeiz, um mich weiterzuentwickeln und fortzubilden. Mir wurde bewusst, dass ich es aus einem erlernten Unterlegenheitsgefühl heraus nicht ausreichend gelernt hatte, für mich selbst zu sorgen und Verantwortung zu tragen. Entsprechend erwartete ich von Gott, mir Dinge zu geben – wozu er durchaus nicht bereit war. Es brauchte lange, bis ich begriff, dass diese Phasen nicht erhörten Gebets kein Desinteresse Gottes an meinem Leben bedeuteten. Im Gegenteil. In ihnen wurde sein herzliches Anliegen deutlich, mich zu dem Menschen zu formen, den er aus mir machen wollte. Heute glaube ich, dass Christus mich schon damals zu einem Leiter anderer Menschen machen wollte. Aber das konnte ich nicht werden, so lange ich nicht mutig war, von meinem Vaterhunger-Christsein zu lassen.

In mir prägte sich eine bestimmte Erwartung aus. Statt Antworten auf die entscheidenden Fragen »Wer bin ich? Was will Gott von mir? Was soll ich tun?« zu finden, stellte sich mir hauptsächlich die eine Frage: »Was tut Gott mir Gutes?« Natürlich wünschen wir uns das Schöne, Heile, Erbauende – und übersehen dabei, dass der Glaube an Christus nach dem biblischen Zeugnis ebenso Leid, Entbehrung, Opfer und Entzweiung mit sich bringt. Es ist nicht die Hauptsache, dass uns der Glaube glücklich macht, genauso wie es dem Wesen Gottes widerspricht, uns unglücklich zu machen. Der Zusammenhang von erfüllendem Glauben und Selbstfindung besteht vielmehr darin: Schritte in der Persönlichkeitsreifung fördern die persönliche Gottesbeziehung und umgekehrt. Hier erfahren wir Gott auf unerwartete Weise. Meist sind das keine besonderen Vorkommnisse. Eigentlich verläuft der Alltag wie zuvor. Und doch hat sich Entscheidendes verändert. Mit der Bejahung unserer Fähigkeiten und Begrenzungen und unserer Verantwortung für andere Menschen weitet sich unser Spektrum, Gott zu begegnen.

Ausbrennen durch erlernte Hilflosigkeit

Warum brennen wir aus, wenn wir davon ausgehen, dass Gott für jeden Schritt unseres Lebens einen Plan hat? Weil uns diese Theorie in die Hilflosigkeit führt. Sie verspricht zwar Klarheit und Sicherheit, verhindert aber unsere Selbstwerdung. Möchten wir hundertprozentig wissen, was Jesus von uns will, werden wir darüber nichts in Erfahrung bringen. Denn woher wollen wir wissen, dass die Entscheidung, die wir getroffen haben (auch gar nichts zu unternehmen und nichts zu entscheiden ist eine Entscheidung), und keine andere die richtige war? Weil es jeden Augenblick und alle Wirklichkeit für uns nur einmal gibt, können wir nie wissen, was die definitive Folge einer anderen Entscheidung in derselben Situation gewesen wäre. Die innere Gewissheit, dass es immer mehr als einen Weg gibt, befreit von dem Absolutheitsanspruch des Augenblicks, dem wir uns so oft unterwerfen.

Wie viele Weichen wurden von uns nicht gestellt, aus Angst, in die falsche Richtung zu fahren? Tatsächlich hat Gott für uns eine Absicht, die er mit uns und der Welt erreichen will. Aber er legt uns dazu auf keine Spur fest. Die Spur zu ziehen ist unsere Aufgabe. Der Glaube an Christus bedeutet, frei zu sein von der ständigen Drohung, etwas falsch zu machen! Das Empfinden persönlicher Entscheidungsfreiheit ist ein vortreffliches Vorbeugungsmittel gegen Burnout.

Merksätze

- *Bin ich bei mir zu Hause?*
- *Es ist nicht fromm, klein und hilflos zu sein.*
- *Nicht alles, was ich haben möchte, ist mir von Gott versprochen.*
- *Es gibt immer mehr als nur einen Weg. Das befreit von dem Absolutheitsanspruch des Augenblicks.*
- *Der Glaube an Christus bedeutet, frei zu sein von der ständigen Drohung, etwas falsch zu machen!*

Hart an der Grenze

Mitten im Gedränge

Ich stehe mitten im Gedränge einer Straßenbahn. Der Nachbar gleich links hat eine üble Alkoholfahne und sein Atem kommt mir bei jedem Ruckeln des Gefährts unangenehm nah. Jemand tritt mir auf die Füße, ein paar Schüler machen mit ihrem Kaugummi bedrohlich große Blasen und es ist nur eine Frage der Zeit bzw. der nächsten Weiche, bis diese klebrige Masse auf meiner Schulter landet. Irgendwer hat hier Knoblauch gegessen. Alle müssten mal duschen. Wessen Ellenbogen ist das in meinem Kreuz? Bei jeder Station beginnt das Schieben und Schubsen von neuem. Wann komme ich hier raus? Endlich, unter viel Körpereinsatz und mit einem gar nicht freundlichen »Darf ich mal!«, erreiche ich die Tür. Ich bin am Ziel. Bloß raus hier!

Gedränge ist nicht schön, aber unvermeidlich, wenn man zum Ziel kommen will. In meiner Lebensmitte stellte sich mir dann jedoch auf einmal die Frage nach dem Sinn dieser ganzen Drängelei: »Warum arbeite ich so viel?«, ging es mir immer wieder durch den Kopf. »Warum tue ich mir das an, wofür, für wen, für mich? Warum bin ich hier und nicht anderswo? Und wo ist anderswo?«

Als ich bei diesen Fragen ankam, hatte ich nicht lange darüber nachgedacht. Unerwartet, wie aus dem Nichts, waren sie plötzlich aufgetaucht und ich sah mich mit Zweifeln konfrontiert, die ich längst überwunden glaubte. So intensiv und ausführlich ich mich damit auch vor zwei Jahrzehnten befasst hatte, jetzt trafen mich dieselben Überlegungen wieder ins Mark: Was ist das für ein Gott, der alles vermag, aber augenscheinlich nichts unternimmt gegen Hunger, Folter und Krieg? Kümmert es den lieben Gott nicht, wenn Eltern ihre Kinder misshandeln, Frauen zur Prostitution gezwungen werden, Lüge regiert und schutzlose Tiere barbarisch abgeschlachtet werden? Soziale Ungerechtigkeit mit ansehen zu müssen, tat plötzlich wieder richtig weh.

Zudem verlor ich meine scheinbare Selbstsicherheit. Ich kam mir wie ein Heuchler vor, wie ein biblischer Schriftgelehrter: ein Sprücheklopfer, der andere Menschen zum Irrtum verführt. War ich beruflich überhaupt am richtigen Platz? Welche Ziele verfolgte ich und warum gerade diese? Meine Verpflichtungen gegenüber der Familie empfand ich als Einengung. Hatte ich nicht das Recht, nur für mich da zu sein? Ich steckte mitten in einer Midlife-Krise, die früher oder später jeden von uns erfasst. Den einen trifft sie härter als den anderen, doch es ist Gott, der uns in die Krise führt. Frauen und Männer gehen darunter erbarmungslos in die Knie, besonders, wenn in solchen Phasen ihre Ehen zerbrechen. Doch in der Krise können wir auch wieder glauben lernen, dass Gott mit uns am Werk ist.

Ohnmächtiger König

Wer Verantwortung übernimmt, kennt die Anfechtung des Zweifels: Hilft der Glaube an Gott wirklich, das Leben besser zu bewältigen, als all die anderen Heils- und Hilfsversprechen? Oder läuft als Christ alles so, wie für Menschen ohne oder mit einem anderen Glauben? Natürlich, dieser Gedanke ist meist nicht so fundamental, dass wir nicht mehr an Gott im Himmel glaubten. Aber doch so schmerzhaft intensiv, dass wir Christus hier auf der Erde vermissen. Bewirkt Gebet etwas außerhalb der eigenen Seele, verändert es die Welt? Anhaltender Zweifel treibt ins emotionale Minus.

2. Könige 18-19 erzählt von der Belagerung Jerusalems durch die Assyrer. Die Stadt war hoffnungslos unterlegen und ihre Einnahme lediglich eine Frage der Zeit. Hiskia erkannte die ausweglose Situation. Er war ein ohnmächtiger König, mit dem Rücken an der Wand, gequält von der Verantwortung, den Tod unzähliger unschuldiger Menschen heraufbeschworen zu haben. Hiskia hatte allen Grund, sich zu fürchten. In grober Selbstüberschätzung hatte er sich mit den Ägyptern gegen den Assyrer Sanherib verbündet. Eine Fehlentscheidung mit tödlichen Folgen.

Der Feind sann auf Rache. Hiskias Versuch der Schadensbegrenzung durch Tributzahlungen, indem er sogar das Blattgold von den Säulen im Tempel kratzte, half ihm nicht. Nach dem Fall Jerusalems drohte ihm und Großteilen des Volkes bestenfalls die Verschleppung in Feindesland, wenn nicht der Tod. Es war vorbei mit dem Glanz. Die finale Niederlage und Kapitulation schien unabwendbar. Die gewaltige Übermacht des anrückenden Feindheeres vor Augen, wandte sich der verzweifelte König an Gott. Dafür erntete er beißenden Spott von Sanherib, der in neuzeitlicher Manier als Psychoterror die Durchhaltemoral des Volkes und von Hiskias Heer untergrub: Glaubt Hiskia nicht, wenn er auf Gottes Eingreifen hofft! Gebt euch keinen Illusionen hin: »Haben etwa die Götter der andern Völker ihr Land errettet aus der Hand des Königs von Assyrien?« (2. Könige 18,33)

Gottes Prüfungen sind keine Spaziergänge

Der Spott der Assyrer macht sich zunächst leise, dann immer deutlicher in unseren Herzen breit. Zweifel an Gottes Wirken kann sehr quälend sein. Wenn Gott nichts bewirkt und sich nicht erfahren lässt, taugt dann der ganze Glaube nichts? Dann merken wir, wie sich die Spreu vom Weizen trennt. Mit unseren Kräften und dem Latein am Ende, mit unseren Idealen und unserer Kreativität an Grenzen gestoßen, baut sich neben unserer Enttäuschung oftmals die Aggression auf. Sie ist ja nur das Gegenstück der Depression. Beide sind sie Partner der empfundenen eigenen Ohnmacht. Ohnmacht lässt uns in Verteidigungshaltung oder Angriffsposition gehen. Die Anklage trifft dann Gott oder unsere Feinde. Die Schwermut richtet sich öfter noch gegen unsere Familienangehörigen oder die uns nächststehenden Personen. Das Klagen und Jammern über Menschen und Umstände ist jedenfalls ein sicheres Signal dafür, dass unser geistliches Leben ins Wanken gerät und wir, was unsere Energie betrifft, auf Reserve fahren.

Doch Hiskia hielt sich an Gott. Immer wieder wandte er sich an ihn und unternahm weiter gar nichts. Seine Ideen hatten ausgedient und sich nicht bewährt. Der König versuchte es nicht mehr mit neuen Bündnissen und Methoden. Ihm blieb noch die Kapitulation. Aber er kapitulierte nicht vor dem Feind – sondern flehte vor Gott, hartnäckig und ratlos zugleich, verängstigt, zweifelnd und unter Tränen. Man kommt sich in vergleichbarer Lage wie ein verlorenes Kind vor. Aber Gottes Geist schenkt uns in solchem Gebet und Bitten viel Trost. Hiskia jedenfalls wurde kein Opfer seiner Angst.

Klagen und anklagen

Wenn ich mir nicht mehr zu helfen weiß, wendet sich meine offene oder versteckte Aggression gelegentlich auch gegen andere – und verstärkt dadurch mein Problem. Ungerechtfertigtes Verhalten schafft zusätzlichen Frust: »Wie konnte ich nur so aggressiv reagieren?«, verurteile ich mich. »Was bin ich doch für ein schlechter Christ!« Oder ich verteidige meine Angriffe: »Ist doch wahr, es musste mal gesagt werden, es war längst überfällig, ich habe doch nichts Unwahres gesagt.« Diese hilflosen Versuche, meine Seele von empfundener Hilflosigkeit zu entlasten, kann ich mir sparen, wenn ich mit Hiskia lerne, was Jesaja schreibt: »In Umkehr und Ruhe liegt euer Heil, im Stillehalten und Vertrauen liegt eure Stärke« (Jesaja 30,15).

Gottes Reich wird manchmal durch Abwarten gebaut. Dann ist es angebracht, nichts zu verändern, so lange das Alte nicht natürlich durch Besseres abgelöst wird. Wie der Schorf nach einer Verletzung der Haut von alleine abfällt, wenn die Zeit gekommen ist, so brauche ich die Gelassenheit, nicht ständig dem neuesten Trend nachzueifern. Viel wichtiger ist es, auch einmal Wege zu Ende zu gehen. Die nächste Weggabelung kommt schon zu ihrer Zeit. Da tut es nicht Not, immerfort neue Schneisen ins Unterholz zu schlagen. Manchmal ist es entscheidend, auf Gottes Abzweige warten zu können. Bis dahin kann ich das Ruder dem Strom des Lebens überlassen in dem Glauben, dass Gott mich in dieser Zeit lenkt und leitet. Manch widrige Stromschnellen müssen dabei übersprungen werden, wie ein Lachs zu seinen Laichplätzen schwimmt. Nur an der Quelle kann er ablaichen und dort wird neues Leben geboren. So müssen wir im Alltag zur Quelle kommen.

Den Durst stillen

Unterwegs kam Jesus in die Nähe des Dorfes Sychar, das nicht weit von dem Feld entfernt liegt, das Jakob einst seinem Sohn Josef vererbt hatte. Dort befand sich der Jakobsbrunnen. Jesus war von dem langen Weg müde geworden und setzte sich an den Brunnen. Es war gegen Mittag. Da kam eine samaritische Frau zum Wasserholen. Jesus sagte zu ihr: »Gib mir einen Schluck Wasser!« Seine Jünger waren ins Dorf gegangen, um etwas zu essen zu kaufen. Die Frau antwortete: »Du bist ein Jude, und ich bin eine Samariterin. Wie kannst du mich da um etwas zu trinken bitten?« Die Juden vermeiden nämlich jeden Umgang mit Samaritern.

Jesus antwortete: »Wenn du wüsstest, was Gott den Menschen schenken will und wer es ist, der dich jetzt um Wasser bittet, dann hättest du ihn um Wasser gebeten, und er hätte dir lebendiges Wasser gegeben.«[7]

»Herr, du hast doch keinen Eimer«, sagte die Frau, »und der Brunnen ist tief. Woher willst du dann das lebendige Wasser haben? Unser Stammvater Jakob hat uns diesen Brunnen hinterlassen. Er selbst, seine Söhne und seine ganze Herde tranken daraus. Du willst doch nicht sagen, dass du mehr bist als Jakob?«

Jesus antwortete: »Wer dieses Wasser trinkt, wird wieder durstig. Wer aber von dem Wasser trinkt, das ich ihm geben werde, wird in Ewigkeit keinen Durst mehr haben. Ich gebe ihm Wasser, das in ihm zu einer Quelle wird, die bis ins ewige Leben weitersprudelt.«

Johannes 4,5-14

---

[7] Lebendiges Wasser ist ursprünglich Quellwasser im Unterschied zu Wasser aus einer Zisterne; hier geht es um »Wasser, das Leben gibt«. Im Johannes-Evangelium ist dies ein Bild für den Heiligen Geist, vgl. 7,39.

Manchmal fühle ich mich wie ein verdurstender Wasserschöpfer: jemand, der anderen zu trinken reicht und darüber selbst auszutrocknen beginnt. Eine Ursache dafür ist ein zu eng gesteckter Zeitplan mit zu vielen Terminen und Verpflichtungen. Schwerer wiegt aber, wenn man das eigene Auftanken vernachlässigt. Geben kann ich nur, was ich selber zuvor genommen habe. Jesus sagt von sich: »Ich bin das lebendige Wasser!« Das bedeutet für mich: Aus eigener Substanz kann ich einiges weitergeben. Doch die Erschöpfung folgt auf dem Fuß, wenn ich es vernachlässige, aus der einen unerschöpflichen Quelle zu trinken, die mir Christus anbietet. Immer wieder einmal merke ich, dass ich mir alle Mühe gebe und dennoch wenig bewirke. Mir kommt dazu der Anfängerfehler eines Autofahrers in den Sinn. Statt den Gang einzulegen und langsam die Kupplung kommen zu lassen, dreht der Motor im Leerlauf hoch, heult laut auf – doch das Fahrzeug bewegt sich nicht von der Stelle. Das geschieht meistens in den Zeiten, in denen meine Liebe zu Jesus gewichen ist und ich den Kontakt zu mir und zu meinen Mitmenschen verloren habe. Dann muss ich mir genau die Zeit zu nehmen, die augenscheinlich die fruchtloseste ist: nämlich nichts tun, außer dem Einen, von dem Jesus sprach, als Martha in ihrer Geschäftigkeit unterzugehen drohte (Lukas 10,39).

Die Quelle suchen

Es gibt für mich nichts Besseres. Dennoch: Bin ich zeitlich stark ausgelastet, verführt mich das immer wieder dazu, die Arbeit der persönlichen Stille vorzuziehen. Wenn ich mir vor Arbeitsbeginn nicht die Zeit für Bibellese und Gebet nehme, komme ich in der Regel den ganzen Tag nicht mehr dazu. Abends habe ich vielleicht noch Muße, ein Buch zu lesen, denn auch anregende Literatur und fachliche Fortbildung sind mir unverzichtbar. Aber selten kann ich mich dann noch aufraffen, um auf Gott zu hören. Ich bin einfach zu müde. Die schwerwiegendsten Hinderungsgründe für die persönliche Stille sind für mich jedoch Unruhe und Überlastung. Das Gefühl, Aufgaben nicht erledigt zu bekommen, treibt mich in die Hetze, und das führt wiederum zu geistlicher Unfruchtbarkeit. Die gleichen Auswirkungen haben bei mir Ärger und Streit, ob dies den privaten Bereich betrifft oder den beruflichen. Hohe nervliche oder psychische Anspannungen sind weitere Angriffspunkte für ausbleibende Stille in meinem Leben.

Merksätze

- *Welche Ziele verfolge ich und warum gerade diese?*
- *In der Krise kann ich wieder glauben lernen, dass Gott mit mir am Werk ist.*
- *Über Menschen klagen und Umstände bejammern ist ein Signal dafür, dass unser geistliches Leben ins Wanken gerät und wir auf »Reserve« fahren.*
- *Ich muss nicht ständig dem neusten Trend nacheifern. Viel wichtiger ist es, auch einmal Wege zu Ende zu gehen.*
- *Schwerwiegende Hinderungsgründe für die persönliche Stille sind Unruhe, Überlastung, Ärger, Streit und hohe nervliche oder psychische Anspannung.*

Aus der Quelle trinken

Der Wunsch, etwas zu bewegen

Meiner Charakteranlage entspricht der Wunsch, etwas bewegen zu wollen. Ich dachte eine Zeit lang, das sei mein eigentliches Problem. Heute denke ich darüber anders. Weil Menschen unterschiedlich sind, hat Gott auch Unterschiedliches mit ihnen vor. Es kommt darauf an, zu erkennen, was »mein Ding« ist. Das kann und darf z. B. auch durch das prägende Vorbild der Eltern in uns entstanden sein. Ich halte es für unangemessen, jede biografische Prägung durch das Elternhaus im seelsorgerlich-therapeutischen Sinn als ungelösten Abnabelungskonflikt zu beurteilen. Natürlich ist das eine Gefahr und in jedem Fall muss der eigenen Selbstfindung die Lösung von den kindlichen Leitfiguren vorausgehen.

In christlichen Familien geschieht dies vielfach sehr verspätet. Dann stürzen sich erwachsene Menschen plötzlich in Befreiungskämpfe, die sie viel früher hätten führen müssen. Ursache hierfür ist falsch verstandene Rücksichtnahme – neben dem ebenfalls falsch verstandenen Gebot, die Eltern zu ehren. Doch grundsätzlich wird die eigene Persönlichkeitsentwicklung immer vom Vorbild der Eltern oder engsten Bezugspersonen geprägt sein. Darum gestehe ich mir heute den Wunsch zu, Dinge in Bewegung setzen zu wollen. Ganz falsch wäre es allerdings, wenn ich meinen Glauben mit Aktivität gleichsetzen würde.

Brot statt Glaube?

Jesus gebrauchte Naturbilder, um seinen Hörern das Evangelium zu erklären. Seine Vergleiche sind sehr eingängig und haben etwas gemeinsam: Im Vordergrund stehen natürliches Wachsen und Reifen und nicht menschliche Anstrengung. Ob Jesus von der selbstwachsenden Frucht spricht oder von guten Früchten am guten

Baum, vom Wind, der weht, wo er will, oder vom kleinen Senfkorn, das zum großen Baum wird: Nie sind es Menschen, die es werden lassen. Jesus stellt mich in die Reihe der Zuschauer, die betrachten, was wird. Die Versuchungsgeschichte Jesu dagegen spiegelt, was Trend ist: Brot rangiert vor dem Wort! Aktivität zählt!

Jesus soll, so die Stimme des Versuchers, der irdischen, sichtbaren Dimension seines Lebens mehr Gewicht beimessen als der göttlichen, unsichtbaren Wirklichkeit seines Vaters. Brot statt Glaube an Worte! Handeln statt schweigen, lautet das Motto Satans: *Danach führte der Geist Gottes Jesus in die Wüste, wo er vom Teufel auf die Probe gestellt werden sollte. Nachdem er vierzig Tage und Nächte gefastet hatte, war er hungrig. Da trat der Versucher an ihn heran und sagte: »Wenn du Gottes Sohn bist, dann befiehl doch, dass die Steine hier zu Brot werden!« Jesus antwortete: »In den Heiligen Schriften steht: ›Der Mensch lebt nicht nur von Brot; er lebt von jedem Wort, das Gott spricht.‹«* (Matthäus 4,1-4)

Der Versucher in mir will vom »Wort allein« nichts wissen. Ich weiß, wenn ich ihm nachgebe und immer schon bei der Anwendung bin, bleibe ich in Unruhe gefangen. Nach selbst entfachtem Feuer, das die Blicke auf mich zieht, werde ich am Ende ausgeglüht sein. Die Versuchung spricht: »Macht aus Steinen Brot! Entscheidend ist das Ergebnis. Tu endlich was!« Gehe ich darauf ein, spiegelt das meine Vorbehalte gegenüber Gott: Er ist nur da, wo ich mich darum kümmere. Er spricht nur da, wo ich ihm eine Stimme gebe. Menschen hören Gott nur da, wo ich selber töne. Ich erfahre ihn nur durch mein eigenes Handeln. All das ist das Gegenteil von Gelassenheit und der beste Nährboden für Selbstüberforderung. Daher stellt Jesus klar: Nur Gottes Wort bewirkt Leben! Daraus wächst innerer Friede. Ihn will ich suchen.

Die laute Stimme in der Stille

Die Versuchung spricht: »Es ist doch selbstverständlich, vom himmlischen Vater Brot zu erwarten! Muss das nicht jeder sagen, der Gott Gott nennt und ihn wirklich meint?« Ich weiß, wie sich diese rastlosen Gedanken in mir fortsetzen: Du bist doch Christ, dann erkläre mir, wieso diese Welt in Katastrophen taumelt und unheilsschwanger meinen Kindern droht! Was soll jetzt geschehen? Du wolltest doch schon längst dies und das getan haben ... So drängt die Unrast in meine Gedanken und dringt das Laute in meine Stille. Und ich spüre die Wirkung. Auch in der Stille fühle ich mich dann vom Handeln her bestimmt.

»Allein das Wort«, so sagten es die Reformatoren, »macht frei.« Stille erfordert deshalb, dazu ein ganzes »Ja« zu haben. Ich darf Gott in der Stille nicht erproben wie eine Ware. Gott darf von mir nicht nach seiner Funktionalität beurteilt werden. Das wäre der Glaube an das Brot statt an das Wort. Es wäre Glaube an die Gabe statt an den Geber. Doch was für Jesus gilt, ist erst recht für mich und uns gültig: Wir leben von Gottes Wort, durch das allein geistliches Leben entsteht. Wenn ich aber immer schon bei der Anwendung bin, bleibe ich bei mir und in Unruhe gefangen.

Siehe, ich mache alles neu!

Dann sah ich einen neuen Himmel und eine neue Erde. Der erste Himmel und die erste Erde waren verschwunden, und das Meer war nicht mehr da. Ich sah, wie die Heilige Stadt, das neue Jerusalem, von Gott aus dem Himmel herabkam. Sie war festlich geschmückt wie eine Braut, die auf den Bräutigam wartet.

Vom Thron her hörte ich eine starke Stimme: »Jetzt wohnt Gott bei den Menschen! Er wird bei ihnen bleiben, und sie werden seine Völker sein. Gott selbst wird als ihr Gott bei ihnen sein. Er wird alle ihre Tränen abwischen. Es wird keinen Tod mehr geben und keine Traurigkeit, keine Klage und keine Quälerei mehr. Was einmal war, ist für immer vorbei.« Dann sagte der, der auf dem Thron saß: »Jetzt mache ich alles neu!«

Zu mir sagte er: »Schreib diese Worte auf, denn sie sind wahr und zuverlässig.« Und er fuhr fort: »Ja, sie sind in Erfüllung gegangen! Ich bin der Erste und der Letzte, der Anfang und das Ende. Wer durstig ist, dem gebe ich umsonst zu trinken. Ich gebe ihm Wasser aus der Quelle des Lebens. Alle, die durchhalten und den Sieg erringen, werden dies als Anteil von mir erhalten. Ich werde ihr Gott sein, und sie werden meine Söhne und Töchter sein.«

Offenbarung 21,1-7

Was kann dazu noch gesagt werden? Es ist doch schon alles gesagt! Diese Verse sprechen für sich. Doch mir fällt es nicht leicht, mir dies einfach gesagt sein zu lassen. Der neue Himmel und die neue Erde werden kommen. Das ist noch nicht das Problem. Sondern dass ich nichts dazu beitragen kann, dass hier etwas beschrieben wird, wo es keine Ratschläge zu erteilen gibt und keine praktischen Anleitungen zu geben sind. Eine Gottesverheißung, die nichts, aber auch gar nichts von mir verlangt, wo es kein Ziel zu verfolgen gibt und auch keine Teilschritte auf dem Weg dorthin zu bedenken sind. Keine Möglichkeit, das gute Gefühl zu erlangen, selbst etwas zum Erfolg und Werden beigesteuert zu haben.

Unbeteiligt

Gottes Wort spricht und wir können es uns einfach nur gesagt sein lassen. Ist das womöglich ein Text zur bloßen Vertröstung derer, die nichts zu lachen haben auf dieser Erde? Ein Wort für die Toten und solche, die in dieser Welt nichts mehr bewegen wollen oder auch bei aller Anstrengung doch nichts bewegen können? Löst sich irgendein konkretes Problem dadurch, dass wir auf dieses Wort Gottes achten? Ist es nicht vielmehr so: Wir wollen gerne etwas verändern, Pläne fassen und Ziele erreichen, Antworten geben und Widerstände überwinden. Aber Gottes Verheißung sieht unsere aktive Beteiligung nicht vor. Eindeutig auf die Zukunft bezogen, an der mitzuwirken uns keine Möglichkeit bleibt, wollen wir wenigstens über unterschiedliche Auslegungen nachdenken. Dann sagt der eine dies, der andere das, und wieder ein Dritter sieht die Dinge noch anders kommen.

Bei der Offenbarung liegt es nahe, nach Zeiten und Ursachen

zu fragen, die das Geschehen heraufführen und auslösen werden ... Es fällt uns eben schwer, ausschließlich Betrachter und nicht Akteur zu sein. Daneben zu stehen und zu staunen über das, was Gott tun wird – ohne uns, ohne die Gemeinde, ohne dich und mich, aber für uns alle. Für alle Völker, für alle Menschen, für den gesamten Kosmos: Siehe, ich sah einen neuen Himmel und eine neue Erde.

Zum Zuschauen verurteilt

Ein geschätzter, lieber Mensch erkrankte tödlich, starb, und ich konnte nichts tun. Nichts daran ändern, nichts aufhalten, nichts beeinflussen, nichts gestalten. Alles ging seinen Weg. Einen qualvollen, langen, persönlich sehr bitteren Weg.

Immer wieder ist es dasselbe Gefühl: Wir können nichts dagegen tun. Sterben müssen wir alle, keiner ausgenommen, und immer ist es so: Wir tun nichts dazu und nichts davon weg. Wie sehr wir uns dagegen wehren! Manchmal ist es erdrückend, zum Zuschauen verurteilt zu sein. Ein anderer macht, ein anderer leidet, ein anderer geht, ein anderer lenkt, bestimmt Tag und Stunde, und wir stehen dabei. Ohnmacht nagt am eigenen Selbstwertgefühl. Warum bin ich hier, wenn ich doch nicht helfen kann? Das saugt meine Seele aus. Ich kann mich der Einsicht nicht verschließen: Nichts an mir und nichts in der Welt ist von der Qualität, die alle Tränen abwischen und alles Leid vertreiben könnte.

»Siehe, ich mache alles neu.« Nur an dieser Stelle der Offenbarung spricht Gott selbst zu dem Visionär Johannes. Das hat seinen Grund. Denn was hier ausgesagt und den Leidenden verkündet wird, kann nur Gott selbst verbürgen. Dass er es tut, macht sein Wort umso gewisser. Das sind keine geistlichen Träumereien. Das hat nichts mit menschlichen Wünschen zu tun, sondern hier gibt der sein Wort, der Anfang und Ende in sich fasst, das Alpha und das Omega. Und der auf dem Thron sitzt, spricht: »Wer überwindet, der wird es alles ererben, und ich werde sein Gott sein, und er wird mein Sohn sein« (Offenbarung 21,7).

Merksätze

- *Der eigenen Selbstfindung geht die Lösung von den kindlichen Leitbildern voraus.*
- *Der Versucher in mir will vom »Wort allein« nichts wissen. Die Versuchung spricht: Entscheidend ist das Ergebnis.*
- *Gott will nicht funktional beurteilt werden.*
- *Nichts an mir und nichts in der Welt ist von der Qualität, die alle Tränen abwischen und alles Leid vertreiben könnte.*
- *Der auf dem Thron sitzt, spricht: »Jetzt mache ich alles neu!«*

Selbstannahme

Spiegel der Seele

Glaube bewegt sich bei mir nicht immer auf einem gleich bleibenden geistlichen Niveau. Manchmal durchwandere ich ein geistliches Tal. Solche Phasen sind bei mir meist durch persönliche Enttäuschungen ausgelöst. Unbestreitbar ist: Gefühle haben einigen Einfluss auf das Leben mit Jesus. So kann die Gottessuche ins Stocken geraten, wenn der Lebensdynamo entweder volle Drehzahl erreicht (z. B. durch ein Übermaß an Arbeit) oder fast zum Stillstand kommt (z. B. durch schweren Kummer). Darum höre ich heute weit mehr als früher auf meine innere Stimme. Denn wenn ich sie wahrnehme, kann ich meist auch bestimmen, was mir wirklich gut tut. Die Signale meines Körpers sprechen dazu ihre eigene Sprache. Sprichwörtlich sind die überlaufende Galle und der dicke Hals, der Stein auf dem Herzen und der Kloß im Magen, das saure Aufstoßen und das Aus-der-Haut-Fahren. Ebenso aufschlussreich sind mir meine Träume. Beachte ich sie, wird mir dadurch manches bewusst, woran ich selbst durch viel Nachdenken nicht herankomme. Es ist, als ob das Unbewusste über den Traum mit meinem Bewusstsein kommuniziert und so Verdrängtes an die Oberfläche dringen lässt.

Meine Körpersignale und meine Träume sind ein ziemlich verlässlicher Spiegel meiner Seele. Darum ärgere ich mich heute nicht mehr über gelegentlich auftauchende Rückenschmerzen, Einschlafstörungen und böse Träume. In Wahrheit sind nicht sie die Feinde meines Wohlbefindens, sondern starke, verlässliche Partner, um mein inneres Gleichgewicht dauerhaft zu erhalten. Andere Lebensthemen stehen auch ohne diese unfreiwilligen Hinweisprogramme deutlich vor mir. Das Vergleichsdenken gehört dazu.

Burnout durch Vergleichen

Ich gehe über eine Einkaufsstraße. Unvermittelt bleibe ich wie gebannt vor einem Plakat stehen. Darauf steht: »Words are not enough.« Mehr als der Werbespruch des World Wildlife Fund fasziniert mich das darunter abgebildete Porträt von Pierce Brosnan alias James Bond. Und ich denke: Mann, sieht der gut aus. Zu Hause sage ich meiner Frau: »Du, ich habe ein Ausflugsziel für dich, in der Fußgängerzone ...« Sie nickt verständnisvoll und lächelt mir zu, »Ist mir schon aufgefallen ...« Unsere ständigen Vergleiche tragen ein hohes Burnout-Potenzial in sich!

Die Habsucht, in welcher Form auch immer, wird neutestamentlich als die Wurzel allen Übels betrachtet, denn unser Verlangen nach Besitz widerspricht der Freiheit des Glaubens. Dahinter steht die Einsicht, dass alle Sucht (Ehrsucht, Machtgier, Eifersucht, Herrschsucht, Unterwürfigkeit, Eitelkeit, Profitstreben) Unfreiheit bedeutet. Aus solcher Versklavung befreit die Bindung an Jesus Christus. In der Gemeinde spielen Ehre und Eigentum häufig eine erhebliche Rolle und durchsäuern das Miteinander. Es ist eine Tatsache, dass wir unterschiedliche Einkommen beziehen. Für Männer ist das häufig ein Problem. Dabei macht es keinen Unterschied, wo jemand finanziell steht. Das eigentliche Problem ist nämlich nicht das Geld, das Männer neidisch oder auch misstrauisch auf andere schielen lässt. Das Problem besteht darin, dass wir unser Selbstwertgefühl von materiellen Dingen abhängig machen. Vom Verdienst, von Erfolg und sozialem Status.

Das ist natürlich nicht nur ein Problem der Männer, sondern dann auch der Ehefrauen und später der Kinder, wenn sie größer werden. In unserer Gesellschaft ist die enge Beziehung zwischen dem Geld, das dem Einzelnen zur Verfügung steht, und seinem Selbstbewusstsein sehr deutlich an der hohen Zahl der überschuldeten Haushalte ablesbar. Auch als Christen müssen wir unser Verhältnis zum Geld klären. Das Lernziel ist dabei in etwa mit dem beschrieben, was Paulus von sich sagen konnte: »Ich habe gelernt, mich in jede Lage zu fügen. Ich kann leben wie ein Bettler und auch wie ein König; mit allem bin ich vertraut. Ich kenne Sattsein und Hungern, ich kenne Mangel und Überfluss. Allem bin ich gewachsen, weil Christus mich stark macht.« (Philipper 4,11-13)

Risikogruppen

Mit gemischten Gefühlen höre ich in einer vollbesetzten Kongresshalle die mitreißend vorgetragene Aufforderung, mir meiner Vision für das eigene Leben bewusst zu werden. Mehr noch: Wir sollen uns eine Vision für die Gruppe, die wir leiten, für die Ortsgemeinde, in der wir Pastoren sind, oder gar für Deutschland und die gesamte Christenheit schenken lassen. Wir sollen in den Kindern, die unsere Gemeindegruppen besuchen, die zukünftigen Bundeskanzler, Astronauten und Nobelpreisträger sehen. Der Gedanke hat durchaus Charme, aber er ist auch ziemlich schief. Denn nicht jeder, der am Tor des Kanzleramtes rüttelt, kommt auch hinein, und Nobelpreisträger treten nicht in Rudeln auf. Natürlich gibt es die Besonderen unter den Unauffälligen, und vielleicht sitzt tatsächlich einer von ihnen in unseren Kinder- und Jugendgruppen. Aber sie sitzen dort neben denen, die die Bruchrechnung nie verstehen werden, kein Interesse für Politik entwickeln und statt zum Mars einmal aus ihrer Zweizimmerwohnung herausfliegen werden, weil sie mit den Mietzahlungen nicht nachkommen.

An persönlichem Erfolg ist nichts auszusetzen. Aber Möchtegern-Erfolg ist ein Ausbrennrisikofaktor ersten Ranges. Denn Enttäuschungen bleiben nicht aus, überspannte Erwartungen müssen sich an der weniger rosigen Wirklichkeit messen lassen. Entpuppen sich die eigenen Begabungen selbst bei aller Anstrengung und bester Förderung eher als Mittelmaß, ist es gesünder, nicht wie junge Springböcke auf immer felsigere Höhen zu klettern, sondern im Tal mit den durchschnittlichen Schafen zu weiden.

In der Burnout-Forschung ist folgende Beobachtung unumstritten: Unter den Männern und Frauen, die einen Burnout erleiden, gibt es einen sehr hohen Anteil von Personen, die sich mit überdurchschnittlichem Elan an die Arbeit machten. Aufopferungsbereite, hochmotivierte und pflichtbewusste Mitarbeiter sind von der Erschöpfungserkrankung auffällig oft betroffen. Großer Idealismus, ausgeprägter Erfolgswille und ein hohes Berufsethos führen den Burnout schneller herbei, als man es bei weniger ehrgeizigen Mitarbeitern feststellt. Es ist daher nicht verwunderlich, dass der Ausbrenneffekt unter Berufsanfängern oft schon früh einsetzt. Ebenso kalt erwischt es manch motivierten Arbeitnehmer nach einem Arbeitsplatzwechsel. Zu den Risikoberufsgruppen zählen vor allem: Krankenschwestern, Sozialarbeiter, Hausfrauen und Mütter, Ärzte, Pastoren und Lehrer. Allgemein stehen solche Personen ganz oben auf der Liste der Gefährdeten, deren Beruf viel persönlichen Einsatz für andere Menschen fordert. In einem Team zu arbeiten verringert deswegen sehr oft die Burnout-Gefahr. Was für das Berufsleben gilt, lässt sich auf das Gemeindeleben übertragen. Hier wie dort wirken dieselben Mechanismen.

Den Alltag würdigen

Als Selbstschutz gegenüber allzu zweckoptimistischen Motivationsbemühungen, denen ich hier und dort ausgesetzt bin, habe ich für mich folgenden Leitsatz gewählt: Richtig ist, dass ich mit Gott alles erreichen könnte, weil er unermesslich groß ist. Aber richtig ist auch, dass er mit mir nicht alles erreichen möchte, was ihm möglich wäre. Statt mir Gottes große Pläne für mein Leben auf die Fahnen zu schreiben, bleibe ich lieber so unauffällig wie viele biblische Gestalten, bis sie von Gott gerufen wurden. Insbesondere jungen Leuten gegenüber ist nach meiner Erfahrung Zurückhaltung angebracht, wenn es darum geht, ihnen kühne Hoffnungen, überfordernde Erwartungen und ein Selbstverständnis von Größe einzupflanzen.

Übersteigerte Selbstansprüche machen mich und andere krank. Wenn ich mich selber überschätze, beurteile ich andere mit dem gleichen Bewertungsmaßstab. Dabei sind die seelischen Grundbedürfnisse immer dieselben: der Wunsch nach Anerkennung, Macht und Steigerung des Selbstwertgefühls. Doch wenn die Selbstannahme und persönliche Zufriedenheit blockiert sind, liegt das meist nicht daran, dass diese Grundbedürfnisse nicht befriedigt werden. Oft liegt das Problem darin, dass ich meinen Alltag nicht würdige! Mit dem Leben und der eigenen Mittelmäßigkeit zu hadern fördert geistliches Ausbrennen.

Es ist wirklich schwierig, positiv gesonnen zu bleiben, wenn eigenes Tun nicht beachtet und gewürdigt wird. Noch viel schlimmer ist es aber um mich bestellt, wenn ich mein eigenes Tun und Sein nicht schätze. Damit würge ich meine Selbstachtung ab und untergrabe das eigene Lebensfundament. Wenn ich immer mehr von mir fordere, als ich vermag, und wenn ich meine, erst das Besondere mache mich zu einem richtig gesegneten Christen, finde ich nie und nirgends Ruhe. Für Franz von Sales (1567–1622) ist deshalb die Treue im Kleinen, in den alltäglichen Dingen des Lebens, der Schlüssel zu einem erfüllten Leben mit Gott: »Willst du deinen Weg recht gehen, so gehe ihn Schritt für Schritt und Tag für Tag, aber verzehre dich im Anfang nicht schon in Sehnsucht nach dem Ende! (...) Wenn du die kleinen Gelegenheiten mit Liebe benutzest, wirst du Gottes Herz erobern, es dir ganz zu Eigen machen.«[8]

Menschlicher Eifer hat christliche Spiritualität immer wieder dazu verleitet, das Unterwegssein mit Gott zu einer Hast nach Höhepunkten zu entstellen. Kein Wunder, dass wir dann an unserer Durchschnittlichkeit leiden. Für Franz von Sales, Johannes Tauler und andere große geistliche Lehrer geht es umgekehrt darum, mit den eigenen psychischen und physischen Begrenzungen und Schwächen auf dem Weg zu Gott voranzuschreiten, statt sie ständig zu leugnen. Ich diene Gott nicht mehr dadurch, dass ich immer top bin und nur das tue, was Ansehen bringt. Ich diene Gott bestmöglich, wenn ich mich mit meiner Mittelmäßigkeit arrangiere.

---

[8] Michael Schneider: Theologie als Nachfolge, Patristisches Zentrum Koinonia-Oriens, Köln 2001, S. 101

Auf die Blickrichtung kommt es an

Es ist wie bei einer Wanderung zu einem Berggipfel. Wenden wir den Blick niemals vom Gipfelkreuz ab, werden wir kaum oben angelangen, weil wir über vieles stolpern, was uns auf dem Weg dorthin begegnet. Vor allem übersehen wir die Schönheiten der augenblicklichen Aussicht und überhören Gottes Anruf oder Aufmunterung, der sich darin verbirgt. Wir dürfen unser Leben nicht unentwegt nach »bedeutend« und »unbedeutend« sortieren. Denn dieses Streben nach den Gipfeln verhindert, dass jeder Tag zu einem Gipfel wird. Jeder Tag kann ein Höhepunkt sein, aber nicht wegen seiner herausragenden Bedeutung, sondern aufgrund des inneren Friedens, der bestätigt: Gott ist mit mir, und jetzt spricht er zu mir. Unser tägliches Gebet sollte deswegen sein: »Herr, heute wird mir dies und das begegnen, und was das sein wird, weißt du. Ich will es annehmen.«

Merksätze

- *Meine körperlichen Reaktionen und meine Träume sind mir verlässliche Verbündete.*
- *Vergleiche tragen ein hohes Burnout-Potenzial in sich!*
- *Nobelpreisträger treten nicht in Rudeln auf. Möchtegern-Erfolg ist ein Ausbrennrisiko ersten Ranges.*
- *Richtig ist, dass ich mit Gott alles erreichen könnte. Aber richtig ist auch, dass er mit mir nicht alles erreichen möchte, was ihm mögliche wäre.*
- *Es kommt darauf an, den Alltag zu würdigen.*

Perfektionismus

Sich selbst vergeben können

Eine der Hauptursachen für geistlich-seelische Erschöpfung ist das Streben nach Perfektion. Bei aller Mühe, die ich mir gebe, schleichen sich immer wieder Unzulänglichkeiten ein. Oft haben sie keine weiter reichenden Folgen, als dass sie mein Ego kränken. Aber eben das ist sehr kräftezehrend. Zudem treffe ich Fehlentscheidungen, deren Konsequenzen auch andere zu spüren bekommen. Ich werde Menschen nicht gerecht, indem ich sie übersehe oder sie ungerecht behandle. Ich mache sachliche Fehler, die von anderen nicht unentdeckt bleiben. Wenn ich auch kein ausgesprochener Perfektionist bin, so sind mir Fehlleistungen doch unangenehm. Vom Typ her nehme ich zwar eher eine Panne in Kauf, als dass ich mich im Detail verliere, aber praktisch jeder Tag bringt es mit sich, dass ich mir selbst etwas zu vergeben habe.

Mir selbst zu vergeben ist dabei mehr mein Problem, als Jesu Vergebung in Anspruch zu nehmen. Merkwürdigerweise fällt es mir leichter, ihm gegenüber Sünde einzugestehen, als anderen Leuten oder meiner Frau. Diese Eigenschaft teile ich vermutlich mit vielen anderen Christen, aber das zeigt nur, wie wenig wir unserem Selbst gestorben sind. Ein Zeichen von Gottvertrauen ist es jedenfalls nicht. Kann ich mir nicht selbst vergeben, habe ich ein ernsthaftes Problem. Unvermeidbar werde ich darüber psychisch erschöpfen. Vermutlich haben darin weit mehr seelische Zusammenbrüche von Christen ihre Ursache als in übermäßiger Arbeit.

Irren ist menschlich

Meist hilft es, einen Fehler einfach zuzugeben. Versuche ich, ihn zu verstecken, kostet das viel mehr innere Energie, als einfach dazu zu stehen. Leugne ich meine Fehler, achten die Menschen um mich herum zukünftig noch penibler auf meine Fehltritte und Versäumnisse. Wer sich als unfehlbar darstellt, manövriert sich in einen schlimmen Teufelskreis. Andererseits ist nicht jeder Vorwurf eines Fehlers oder einer Fehlentscheidung berechtigt. Welche Entscheidung in einer bestimmten Situation objektiv richtig oder falsch ist, bleibt häufig eine Ermessensfrage. Diese Einsicht hilft, Vorwürfe nicht überzubewerten oder persönlich zu nehmen. Zuletzt geht es bei eigenem Fehlverhalten darum, mich meiner Menschlichkeit zu stellen. Und das erfordert wiederum das Einverständnis mit meiner Unvollkommenheit. Unvollkommenheit bedeutet aber: Nicht nur ich bin fehlerhaft, sondern ebenso mein Gegenüber. Auf allen Seiten findet sich Schuld und Sünde. Hier erhalten unsere Fehler eine geistliche Dimension. Gottes Vergebung zu erfahren und zu gewähren ist unverzichtbar, wenn unsere Kraft nicht bald am Ende sein soll.

In 1. Mose 3 wird Gott sehr menschlich beschrieben. Bei einem abendlichen Spaziergang im Paradies will er nochmals nach seinen Menschen schauen. Doch Adam und Eva verstecken sich vor ihm. Sie fürchten diese erste Begegnung mit Gott, nachdem sie erstmals sein Gebot übertreten haben. »Wir hörten dich und wir fürchteten dich.« Schon die Schritte Gottes in ihrer Mitte schrecken sie. Sehen müssen sie ihn nicht, damit diese geheime Angst aufkommt, die um die Trennung weiß. Der paradiesische Umgang Gottes mit den Menschen ist zu Ende. Die Sündenfallgeschichte führt vor Augen, dass wir es bei aller menschlichen Schuld mit dem lebendigen Gott zu tun haben. Ohne seine Vergebung bliebe uns nur, vor der eigenen Schuld davonzulaufen.

Bloßgestellt

Adam und Eva nehmen ihre Blöße wahr – die Blöße ihrer Körper und die Blöße, die sie sich durch ihren Widerspruch zu Gott gaben. Unser Widerspruch wirkt sich aber nicht nur im Gottesverhältnis aus. Unsere Bloßstellung zieht auch unter Menschen Kreise. Selbst die Kerngemeinschaft von Mann und Frau durchzieht dieser Riss. Wenn wir dieses Verhängnis nicht anerkennen, ist das Leben vor den Toren des Paradieses nicht nur hart, sondern unerträglich. Denn die eigene Schuld holt uns früher oder später ein. Ohne die Hoffnung auf Gottes Vergebung und unsere schlussendliche Aufnahme in seine Herrlichkeit können wir unser Leben mit all seinen Begrenzungen, Fehlern und Widersprüchen nicht anschauen, geschweige denn annehmen. Es ist der Schatten meines Lebens, mit dem ich mich aussöhnen muss. Ich komme nur dann mit mir selbst und anderen zurecht, wenn ich mich und die anderen als das sehe, was wir sind und sein sollen: erlöste Menschen, denen vergeben ist!

Hier bietet es sich an, einmal das Leben Jesu zu betrachten. Denn dabei lässt sich entdecken, inwieweit seine Mensch*werdung* tatsächlich ein Prozess war. Christus entäußerte sich all seiner Macht und nahm menschliche Gestalt an in Worten, Taten und Gesten (Philipper 2,5ff). Jesus wurde uns in allem gleich, ausgenommen der Sünde. Und das heißt: ausgenommen auch der Sünde, dass wir unsere Menschlichkeit, unsere Versuchungen, unsere Grenzen und Niederlagen ignorieren und überspringen wollen. Davon erzählt die Geburtsgeschichte Jesu. Die Evangelisten Matthäus und Lukas berichten, wie Gott Mensch wurde und sich in eine Krippe legte. Und sie nennen Menschen, die Zeugen dieses Geschehens wurden. So unterschiedlich wie sie sind auch wir. Da ist Maria. Eine junge Frau, offen und klar in ihrem Geist, Gott zugewandt in ihrem Herzen. Daneben ihr Mann Josef. Keine schillernde Persönlichkeit, aber ein treuer Vater. Er steht zu seinem Sohn und zu seiner Frau, obgleich der Junge nicht von ihm ist. Dann sind da noch einige ziemlich verwahrloste Hirten. Sozial Benachteiligte mit geringer Bildung und ohne Ansehen in der Bevölkerung. Neben ein paar Tieren, die vermutlich in jenem Stall von Bethlehem mit dabei waren, stehen noch einige hoch gebildete Männer. Ausländer, Nichtjuden und anders als die anderen. Eine bunt gemischte Gesellschaft von Menschen beiden Geschlechts, unterschiedlicher gesellschaftlicher Stellung und unterschiedlichen Glaubens.

Der Mut, ein Mensch zu bleiben

Durch all diese Menschen an der Krippe verstehe ich, wozu mich das Jesuskind auffordert: Habe Mut, Mensch zu sein! Habe Mut, zu deinem Stallgeruch und deinen Fehlern zu stehen! Suche Gottes Vergebung, damit du deine psychischen Kräfte nicht ruinierst! Das ist die Botschaft, die bereits jedes neugeborene Menschenkind verkündet. Jesus wurde Mensch, um in mir und anderen Lebensmut zu wecken. Er will mit mir leben, so wie Gott in diesem einzigartigen Menschenkind im Stall von Bethlehem wohnte. Das ist einfach zu verstehen. Wenn Gott Mensch wurde, dann ist das unsere denkbar höchste Auszeichnung. Dann muss ich mich aber auch nicht ständig in meiner Größe und Stärke behaupten. Im Leben Jesu spiegelt sich mein Lebensweg wider. Manches ist dabei herausragend und herausfordernd, anderes eher alltäglich und unauffällig. Gott macht mir mit der Geburt seines Sohnes in einem Stall Mut zu all dem. Jesus kam aus Gottes Herrlichkeit. Was ihm vertraut war, war etwas völlig anderes als das, was er auf den Wegstationen seines Lebens kennen lernte. Wie viel mehr Mut als ich musste er zum Menschsein aufbringen!

Die Evangelien schildern von Jesu Leben vor allem die letzten drei Jahre und wie alles begann, damals im Stall. Er kam hilflos zur Welt. Er wurde geliebt und er litt. Er war zuversichtlich und verzagt, er hatte Freunde und Feinde, Vater und Mutter. Er war ein Kind und Erwachsener wie wir. Schließlich hatte Jesus den Mut, zu sterben und die Last von Schuld und Trennung auf sich zu nehmen. Mein Kreuz ist seinem Kreuz nicht zu vergleichen. Aber es fordert mich auf, das meine auf mich zu nehmen. Für mich bedeutet das zuallererst Fügsamkeit gegenüber dem Leben, wie es mir entgegen kommt.

Merksätze

- *Perfektionismus ist eine der Hauptursachen für geistlich-seelische Erschöpfung.*
- *Praktisch jeder Tag bringt es mit sich, dass ich mir und anderen etwas zu vergeben habe. Tue ich das nicht, werde ich darüber psychisch erschöpfen.*
- *Ohne Christus können wir vor der eigenen Schuld nur davonlaufen.*
- *Jesus wurde Mensch, um in mir und anderen Lebensmut zu wecken.*

Mit Jesus ins Minus?

Gott erklären wollen

»Ich war eifersüchtig auf die Menschen, die nicht nach dem Willen Gottes fragen; denn ich sah, dass es ihnen so gut geht« (Psalm 73,3). Mit diesem Eingeständnis ist ein wesentlicher Schritt zu gesundem Glauben getan. Verzweiflung ist ja nichts anderes, als das Ausbrennen einer hoffnungslosen Seele. Wenn ich Gott für das, was mir unverständlich ist, in Schutz nehme oder das zu erklären versuche, was mich an ihm irritiert, setze ich einen Prozess der inneren Verausgabung in Gang. Dasselbe geschieht, wenn ich meine Zweifel pflege oder in melancholische Grübelei verfalle. Denn diese schwermütigen Gedanken haben ursächlich nichts mit Gott zu tun, sondern mit Selbstmitleid.

Gott muss von uns nicht mühsam in jedes Geschehen hineingedeutet werden. »Wird ein Gebet erhört«, sagte mir vor einiger Zeit jemand, »dann ist es Jesus gewesen und ihr Christen dankt ihm. Wurde das Gebet aber nicht erhört, dann sagt ihr, es sei Gottes unergründlicher Wille, er habe einen anderen Plan, oder menschliche Schuld habe einer Erhörung des Gebets im Weg gestanden. Werden eure Gebete erhört, lobt ihr Gott. Dann müsst ihr ihn für unerhörtes Gebet aber ebenso verantwortlich machen! Ist er für das Gute, für Genesung in Krankheit und Bewahrung vor Unfällen verantwortlich, ist er es auch, wenn die Urlaubsfahrt tödlich endet oder eine Krankheit unheilbar bleibt. Nein«, sagte mir mein Gegenüber, »an euren Gott kann und will ich nicht glauben. Christsein bedeutet doch nichts anderes als: Gott hat immer recht, denn Menschen haben immer Unrecht oder einfach nur Pech.«

Meist liegen solchen Fragen tiefe Enttäuschungen und unerfüllte Hoffnungen zugrunde. Christus will aber nicht an bestimmte Hoffnungen, sondern an sich binden. Ich muss mich von

Zielen, Idealen oder Erwartungen lösen, durch die ich Gott für mich verfügbar machen möchte.

Das Leben annehmen

Mein Vertrauen dem Leben gegenüber wächst in dem Maße, in dem ich von mir selbst loskomme und mich Jesus überlasse. Es verändert sich vieles, wenn ich aufhöre, Gottes Handelns zu beurteilen, und mich stattdessen auf das ausrichte, was auf mich zukommt: Was immer mir ein Tag bringen mag, er kommt aus Jesu Hand! Darunter ist auch einiges, woran ich keine Freude habe. Früher habe ich Gott dafür verantwortlich gemacht, ihn als ungerecht und unfair betrachtetet. Es ist jedoch besser, das Leben so anzunehmen, wie es mir begegnet. Ich habe ja auch gar keine andere Wahl, als es zu akzeptieren! Wenn ich jetzt beginne, zusätzlich zu meinem Leid auch noch Krieg gegen Gott zu führen, verstärke ich meine Not nur noch. Zu dem eigentlichen Problem kommt hinzu, Gott Feindseligkeit zu unterstellen. Diese Haltung richtet in der Seele großen Schaden an. Hilfreich ist der umgekehrte Ansatz: Statt Gott als Urheber eines Problems zu betrachten, dem ich wehrlos ausgeliefert bin, kann ich mich fragen, was wohl daraus werden könnte, wenn ich mich in dieser Situation nach Gott ausstrecke. Negative Erfahrungen als Prüfsteine meines Glaubens zu sehen hilft mir, in meiner Persönlichkeit und als Christ zu reifen.

Die meisten inneren Zusammenbrüche von Christen sind keinem dramatischen Ereignis geschuldet, sondern mit unverarbeiteten Enttäuschungen verknüpft. Vor einem geistlichen Burnout schützt deshalb eine Glaubenshaltung, die Gott nicht in ein bestimmtes Schema presst. Hier ist ein Blick auf die im Neuen Testament erwähnten Versuchungen und Verfolgungssituationen hilfreich. Jakobus schreibt: »Betrachtet es als lauter Freude, wenn ihr auf vielerlei Weise auf die Probe gestellt werdet« (Jakobus 1,2). Das klingt vielleicht zunächst abstoßend und widersinnig, beinahe zynisch, ist es aber nicht. Die Aufforderung des Jakobus deckt sich vielmehr mit meinen eigenen Erfahrungen. Hätte ich zu wählen, würde ich mir manch schwierige Erfahrung erspart haben. Könnte ich allen Schwierigkeiten ausweichen, würde ich es vermutlich tun. Dadurch würde ich mich jedoch mancher Möglichkeit berauben, im Glauben zu reifen.

Blitzeinschlag

Ein früher Berufswunsch von mir war es, Waldarbeiter oder Förster zu werden. Nun, daraus ist nichts geworden, aber ich habe immer noch Freude daran, mich im Wald umzutun, Bäume zu fällen und Brennholz zu spalten. Es gibt sehr weiche Hölzer und recht harte. Hartes Holz wächst langsamer als weiches Holz, ist dafür aber auch haltbarer und von höherer Qualität. Mit unserer Persönlichkeit und dem Glauben verhält es sich ähnlich. Geht es zwischen uns und Gott scheinbar sehr schnell voran, dann merken wir in Krisenzeiten, dass unser Glaube noch nicht ausgehärtet ist. In einem botanischen Garten sah ich einen riesigen, alten Baum, durch dessen Stamm dicke Eisenstangen mit mächtigen Schraubmuttern gingen. In der Baumkrone war ein Drahtseil von einem Ast zum anderen gespannt, und der Fuß des Baumstamms wurde von einem breiten Eisenring umfangen. Dieser Anblick wirkte auf Entfernung so merkwürdig, dass ich neugierig wurde und mir den Baum etwas genauer ansah. Der gewaltige Baumstamm war von oben bis unten gespalten. Vielleicht war einmal ein Blitz hineingefahren, jedenfalls war klar, wozu die Befestigungen dienten. Der Baum wäre ohne diese Stützen und Bänder auseinander gebrochen.

Deute ich negatives Erleben als Gleichgültigkeit Gottes mir gegenüber, dann beginne ich, den mich umgebenden festigenden Ring seiner Liebe abzustreifen. Dann drohe ich auseinander zu fallen, weil ich damit auch die »Blitzeinschläge« in meinem Leben von mir weisen will. Doch damit spalte ich meine Lebenserfahrungen in gute und schlechte auf. Aber so einfach können wir es uns mir unserer Biografie nicht machen. Denn tatsächlich hält mich im Widereinander positiver und negativer Erfahrungen das Band der Liebe Gottes zusammen, weil Jesus das in mir Auseinanderstrebende zusammenhält. Löse ich mich aus seiner Umarmung, fällt auseinander, was zusammen gehört.

Wie können wir Gott nicht nur in den guten Erfahrungen als gegenwärtig erkennen, sondern auch in notvollen Situationen? Wie gelingt es, dass Gott nicht nur als Förderer unserer Lebensqualität eine Rolle spielt, sondern auch als Gestalter unseres Charakters? Hier spielt die Heilung unserer Gefühls- und Gedankenwelt eine ganz entscheidende Rolle. Sie ist vielleicht die wichtigste Prävention, um einen geistlichen Zusammenbruch zu verhindern.

Wenn Gott Probleme macht

Ich musste mich erst mit Gott aussöhnen, bevor ich frei wurde, mich an ihm und seiner Liebe zu freuen. Den Glauben an Gottes Güte fand ich sehr viel später als den Glauben an seine Existenz und Allmacht. Ähnlich dem intellektuellen oder traditionell-gesetzlichen Ansatz der Gottesversicherung suchte ich meine persönlichen Defizite durch Frömmigkeit zu kompensieren. Der Glaube sollte meinem mangelnden Selbstbewusstsein aufhelfen und mir den Wert verleihen, den ich in mir nicht fühlen konnte. Gleichzeitig machte mir Gott selbst jedoch die größten Probleme, weil ich mein Problem mit ihm nicht zu lösen vermochte. Es fehlte mir an der passenden Technik, um ihn zu handhaben, mir fehlte das Codewort, das den Zugriff auf seinen Geist und seine Entscheidungen ermöglichte. So rang ich lange Zeit mit Gott wie mit einem nicht zu überwältigenden Riesen. Nicht verwunderlich, dass ich darüber ermüdete und sehr unzufrieden wurde. Infolgedessen verlor ich mit der Lebensfreude die Lebenszuversicht. Mit einem Wort: Ich erschöpfte meine Seele im Ringkampf mit Gott, dem er sich, anders als bei Jakob am Jabbok, nie stellte. Mein geistliches Leben war damals in der Hauptsache Spiegelfechterei und mein Glaube die Projektion unerfüllter Sehnsüchte auf Jesus.

Viel Groll und Misstrauen gegenüber Gott gründen darin, dass er nur Gott sein darf, wenn wir meinen, er habe es verdient. Doch diese Beurteilungen führen in ein gedankliches und psychisches Chaos, weil wir auf diese Weise zu Gottes Richtern werden. So kommen wir nie mit Gott ins Reine und werden ihn nicht lieben können. Denn ein Richter liebt den Angeklagten nicht; er spricht ihn frei oder verurteilt ihn. Bewerten wir Gott, lieben wir ihn schon längst nicht mehr! Als Angeklagter untersteht er dann unserem Richtspruch: Gutes tun ist Gottes Pflicht! So von Gott denken bedeutet, ihn nicht Vater nennen und auch nicht anbeten zu können. Ist es Gottes Schuldigkeit, mir Gutes zu tun, dann ist er mein Knecht und nicht mein Herr! Gott lieben bedeutet hingegen, ihn in allem, was geschieht, als gegenwärtig zu erkennen und ihn in allen Dingen zu suchen. Denn er ist Immanuel – Gott mit uns!

Beziehungssache

Vertrauen ist Beziehungssache! Im Kern geht es dabei um die Frage, wie wir uns in dieser Welt verstehen. Vernünftige Erklärungen versöhnen uns dabei mit dem Leben nicht. Der Segensspruch aus Philipper 4,7 macht deutlich, worum es eigentlich geht: »Gottes Frieden, der höher ist als alle menschliche Vernunft, bewahre unsere Gedanken und Herzen, in der Gemeinschaft mit Jesus Christus.« Wie das aussehen kann, verdeutlicht ein Vergleich mit der urchristlichen Umwelt.

Zur Zeit der ersten Christen war Religiosität der bestimmende Faktor der griechischen und jüdischen Weltanschauung. Das ist in unserer Kultur nicht viel anders. Aber alle Religion will Gott nicht als Gott und Herrn verehren, sondern sich seiner bemächtigen: »Sie tauschten den wahren Gott gegen ein Lügengespinst ein, sie haben die Geschöpfe geehrt und angebetet anstatt den Schöpfer«, lautet darum Paulus' Urteil (Römer 1,25). Er stellt sich damit gegen unseren Versuch, Gott durch das Denken fassen und beherrschen zu wollen. Und Paulus widerspricht dem kultisch-traditionellen Ansatz der Gottesverehrung. In beiden Fällen geht es nämlich darum, Gott unserem Denken und unseren Bedürfnissen zu unterwerfen. Denn das Merkmal aller Religion ist, Gott entsprechend den eigenen Wünschen zu formen.

Wenn René Descartes verkündete: »Ich denke, also bin ich«, lautet heute das Motto: »Ich fühle, also bin ich.« Aber Gott zu erfahren ist etwas anderes, als Gott fühlen und erleben zu wollen. Gott erfahren heißt, ihn anerkennen! Am liebsten wäre uns Gott in jeder Lebenslage verfügbar und uns stets zu Diensten. So machen wir uns Jesus zum Götzen, so wollte man Jesus zum Wundermann machen und zum König: »Ihr sucht mich, weil ihr satt geworden seid«, wies Jesus diese Begehrlichkeit zurück. Sie liegt uns ebenso nah wie den Menschen damals. Wir werden Jesus nur dann wirklich erfahren, wenn wir Gottes Freiheit anerkennen und ihn gerade deshalb anbeten. Es geht darum, Christus nicht besitzen zu wollen, sondern ihn freizugeben, auch wenn wir uns nichts mehr als seine Nähe wünschen. Wir müssen unseren Geist für Gottes Unabhängigkeit schärfen, damit wir seine Freiheit erleben und seine Nähe spüren. Das lässt sich an einer Episode aus Moses Leben sehr deutlich ablesen.

Der Glanz seiner Herrlichkeit

Mose sagte zum Herrn: »Du befiehlst mir: ›Führe das Volk in sein Land!‹, aber du hast mir nicht gesagt, wen du mitschicken wirst. Dabei hast du mir doch versichert, dass ich in deiner Gunst stehe und dass du mich als deinen Vertrauten betrachtest. Wenn das stimmt, dann bestätige es mir jetzt und sag mir, was du vorhast. Und vergiss nicht, dass diese Leute dein Volk sind!«

Der Herr erwiderte: »Ich werde mitgehen, du kannst ruhig sein.« Mose sagte: »Wenn du nicht mitgehst, wäre es besser, du ließest uns hier bleiben. Woran sollen wir denn erkennen, dass wir in deiner Gunst stehen, ich und dein Volk? Doch nur daran, dass du mit uns ziehst und uns dadurch vor allen anderen Bewohnern der Erde auszeichnest, nicht nur mich, sondern auch dein ganzes Volk!« Der Herr antwortete: »Ich werde auch diese Bitte erfüllen, weil du in meiner Gunst stehst und mein Vertrauter bist.«

Nun bat Mose den Herrn: »Lass mich doch den Glanz deiner Herrlichkeit sehen!« Der Herr erwiderte: »Ich werde in meiner ganzen Pracht und Hoheit an dir vorüberziehen und meinen Namen ›der Herr‹ vor dir ausrufen. Es liegt in meiner freien Entscheidung, wem ich meine Gnade erweise; es ist allein meine Sache, wem ich mein Erbarmen schenke. Trotzdem darfst du mein Gesicht nicht sehen; denn niemand, der mich sieht, bleibt am Leben.«

Weiter sagte der Herr: »Hier auf dem Felsen neben mir kannst du stehen. Wenn meine Herrlichkeit vorüberzieht, werde ich dich in einen Felsspalt stellen und dich mit meiner Hand bedecken, bis ich vorüber bin. Dann werde ich meine Hand wegnehmen, und du kannst mir nachschauen. Aber von vorn darf mich niemand sehen.«

2. Mose 33,12-23

Das Alte Testament befasst sich immer wieder mit dem Bilderglauben, und so intensiv es das Thema bewegt, so eindeutig und radikal hat Israel jede Bildverehrung Gottes abgelehnt. Mose wagt auf dem Berg Sinai auszusprechen, was an Gotteslästerung grenzt: »Herr, lass mich deine Herrlichkeit schauen!«

Der Anführer des Volkes hatte nicht allein gehen wollen. Er ahnte die Schwierigkeiten, die noch auf ihn zukommen würden, und deswegen war ihm nicht wohl dabei, allein auf sich gestellt zu sein. Seine Bitte können wir nur zu gut verstehen. Aber bei Mose ist es kein begehrlicher Griff nach Gott. Ihm ging es nicht darum, seiner habhaft zu werden. Mose wollte seine Angst besiegen. Gott respektiert Moses Schutzbedürfnis und zeigt sich ihm – jedoch nur vorübergehend, wie es bezeichnenderweise heißt. Und der flüchtige Blick, den Mose von Gott erhaschen darf, erfährt noch eine weitere Begrenzung. Gottes Herrlichkeit wird Mose in der Wolke *verkündet*, aber nicht vor Augen geführt: Gott offenbart sich und hält sich zugleich verborgen! Seine Hoheit wird ausgerufen, beim Namen genannt und proklamiert – aber nicht bewiesen. Gott ging an Mose vorüber und rief: »Ich bin der Herr! Ich bin, das ist mein Name! Ich bin ein Gott voll Liebe und Erbarmen. Ich habe Geduld, meine Güte und Treue sind grenzenlos.« (2. Mose 34,5f)

Merksätze

- *Gott braucht meinen Schutz nicht.*
- *Bin ich bereit, mich von Zielen, Idealen und Erwartungen zu lösen, durch die ich Jesus für mich greifbar machen möchte?*
- *Die meisten inneren Zusammenbrüche von Christen sind nicht dramatischen Ereignissen geschuldet, sondern mit unverarbeiteten Enttäuschungen verknüpft.*
- *Gott will nicht unbedingt meine Lebensqualität fördern, aber sicher meinen Charakter gestalten.*
- *Erschöpfe ich meine Seele im aussichtslosen Ringkampf mit Gott?*
- *Bewerte ich Gott, liebe ich ihn schon längst nicht mehr.*
- *Gottes Hoheit wird ausgerufen – nicht bewiesen!*

Meine Bedürftigkeit erkennen

Schwäche macht stark

Manchmal bin ich blind für Gottes Gegenwart. Weil ich mich auf meine Schwäche nicht einlassen und mir meine Hilflosigkeit nicht eingestehen will, erkenne ich ihn nicht in dem, was mir begegnet. Dann verstecke ich mich vor der Begegnung mit meinen Ängsten. Stattdessen ziehe ich Mauern um mein Denken und Fühlen und sage: Hier kommt mir niemand rein, ich lasse mich nicht manipulieren, ich lasse mir nichts einreden. Ich spüre meine Furcht vor Veränderung; ich will nicht, dass Vertrautes infrage gestellt wird; es fehlt mir der Mut, schwach zu sein. Aber aus eingestandener Schwäche wächst Vertrauen, das sich beschenken lässt.

Sich nichts verdienen zu müssen, weil wir uns nichts verdienen können – darin besteht die Botschaft des Evangeliums. Dass mir meine Hilflosigkeit aber solche Mühe macht, zeigt, wie wenig ich die Theorie verinnerlicht habe. Mein Sicherheitsbedürfnis meldet sich. Es hat einen persönlichen und einen zwischenmenschlichen Aspekt. Der persönliche Aspekt betrifft meine intellektuellen, psychischen oder körperlichen Leistungsgrenzen. Auf der zwischenmenschlichen Ebene schiebt sich das Gefühl persönlicher Unterlegenheit in den Vordergrund. Dabei gibt es für das empfundene Minus keinen objektiven Maßstab. Wo der eine sich noch völlig sicher fühlt, sieht der andere bereits seine Existenz bedroht. Und wo sich einige unter uns noch angenommen und hinreichend bewahrt fühlen, erleiden andere Vergleichbares schon als Schutzlosigkeit.

Gottes Abstieg

Das Leben Jesu war voller Bedrängnisse. Er kam aus der Herrlichkeit Gottes zu uns. Sein Zuhause war der Himmel, seine Macht unbeschränkt, seine Ehre der Gott-Vaters gleich, sein Leben ewig und frei von Sünde und Versuchung. Dann wurde er Mensch und lernte die Menschen unmittelbar kennen. Bereits Jesu Geburt glich einem Fiasko. Dieser Säugling war nicht willkommen. Er geriet sofort in Lebensgefahr. Herodes setzte alles daran, dieses Kind zu töten. So machten sich seine Eltern auf die Flucht. Maria und Josef waren arme Leute. Vermutlich lernte Jesus schon früh den Hunger kennen. Er musste im Ausland viel von dem entbehren, was Kinder sich wünschen, z. B. Spielkameraden, die seine Sprache sprachen. Auch durch den Glauben seiner Eltern fühlte sich die Familie sicherlich sehr fremd.

Jesu Pubertät verlief mit den üblichen Konflikten, die Eltern mit Kindern austragen müssen. Der Junge spürte früh, dass mit ihm etwas nicht »stimmte«. Denn er interessierte sich so leidenschaftlich für Gott, dass es selbst seinen Eltern unheimlich war. Die Familie kam mit ihm nicht sonderlich gut klar. Als er seinen Anspruch, der versprochene Messias des Volkes Israel zu sein, nicht mehr vor ihnen verbarg, erklärten sie ihn für verrückt. Sie wollten ihn zur Besinnung bringen, aber er widersetzte sich. Der Kontakt zum Elternhaus erlitt einen schweren Schlag und auch die Menschen um ihn herum, die ihn von klein auf kannten, ließen ihm keine Chance. Er blieb auf seine Rolle festgelegt: »Das ist doch Jesus, der Sohn des Zimmermanns«, sagten sie, »was bildet der sich bloß ein?«

Die religiösen Führer und Mächtigen der damaligen Zeit merkten aber bald, dass dieser »Spinner« ernst zu nehmen war. Er verfügte über unglaubliche spirituelle Kräfte. Er vermochte Menschen allein durch Berührung zu heilen, oder er sprach nur ein Wort – und Menschen legten ihre Angst ab, wurden gesund oder von dunklen Mächten befreit. Es wurden immer mehr, und sie alle waren irgendwie anders als die anderen Menschen. Sie nannten sich seine Jünger und Jesus Herr. Sie glaubten seinem Selbstzeugnis, der Sohn Gottes zu sein. Das war gefährlich und darum setzten sie ihrem Anführer zu. Sie ergriffen Jesus, schlugen ihn und trieben ihn aus ihren Ortschaften hinaus. Sie verweigerten Jesus Unterkunft und es wiederholte sich, was er aus Erzählungen seiner Mutter kannte. Diese Menschen hatten keinen Raum, keine Herberge für ihn. Er lebte unter ihnen, er liebte sie, aber er war und blieb ihnen ein Fremder.

Das Ende in Sicht

Wie reagieren? Mit Macht, mit Strafe? Seine besondere Kraft, die ihm Gott verliehen hatte, befähigte ihn dazu. Aber er machte niemals davon Gebrauch. Er ließ sich auch nicht locken, als andere ihn zum König machen wollten. Als er sich weigerte, wandten sich viele ärgerlich von ihm ab. Jesus blieb mit einem kleinen Häuflein getreuer Frauen und Männer zurück. Dankbar sog er wie ein Kind das Lob seiner Eltern den Zuspruch seines Freundes Petrus auf: Du bist der Christus, zu wem sonst sollten wir gehen? Aber nicht viel später erwiesen sich auch seine engsten Freunde als echte Menschen. Sie brachten sich in Sicherheit, als die Soldaten Jesus in Gewahrsam nahmen. Jesus erlebte, dass sein Auftrag zu scheitern drohte. Es ging zu Ende.

Die Glaubenslosigkeit, mit der ihn auch seine engsten Nachfolger schon so bitter enttäuscht und zur Verzweiflung getrieben hatten, setzte sich durch. Verspottet, bespuckt und geschlagen, verschmähten sie seine Liebe. Sie hassten seine Geduld, sein Pazifismus reizte sie zur Weißglut, sein Schweigen interpretierten sie als Arroganz. Sie verstanden nichts von dem, was eigentlich vor sich ging. Und er, Jesus, duldete diesen langsamen Untergang und sah dabei in die Fratze seines größten Widersachers und einzig ernst zu nehmenden Feindes. Ganz zu Anfang seiner öffentlichen Wirksamkeit und so viele Male auf dem Weg bis zu dieser letzten Station hatte er Jesus versucht. Mit der Stimme der Henker versuchte er Jesus noch ein letztes Mal: »Bist du Gottes Sohn, dann steige herab vom Kreuz.« Jesus, so glaubten damals alle, hatte den Kampf verloren. Und ein unaufhebbares Grundgesetz menschlichen Lebens hatte sich wieder einmal bestätigt: Wer liebt, wird fertig gemacht, wer gibt, wird ausgenutzt, wer sich nicht wehrt, ist selber Schuld. Gerechtigkeit gibt es nicht und wer vergibt, hat selbst am wenigsten davon.

Doch eben dies waren Jesu letzte Worte, als er im brodelnden Kessel sensationsgieriger Zuschauer am Kreuz starb: »Vater, vergib ihnen, denn sie wissen nicht, was sie tun.«

Verachten wir unsere Krisen nicht!

Jesus hatte aus eigener Erfahrung einen Blick für Menschen in der Krise. Verachten wir darum unsere Krisen nicht! Umbruchssituationen bieten die Chance zum Neuanfang. Krisen rütteln auf: Jetzt muss etwas geschehen! Wir wollen aber viel lieber, dass alles ruhig bleibt. Keine Probleme, keine negativen Gefühle, keine Verunsicherung. Wenn ich jedoch davon ausgehe, dass mir Gott bestimmte Menschen über den Weg schickt, sind mir vielleicht sogar die Störenfriede unter ihnen Gottes Diener, weil sie meine Persönlichkeit fördern. Das klingt zunächst etwas verrückt und in der Regel gelingt es mir im konkreten Fall nicht, solche Menschen aus dieser Perspektive zu sehen. Doch im Nachhinein bin ich schon öfter überzeugt worden, dass mich die widerständigen und unangenehmen Charaktere in meinem Umfeld regelrecht zum eigenen Wachstum gezwungen haben. Und zumindest dies lag im Willen Gottes. Auch durch schwere Erkrankung ausgelöste Krisen können uns zum Guten dienen. Ebenso der Tod eines nahe stehenden Menschen, ein schlimmer Unfall, Ehescheidung und dergleichen mehr. Jede Zuspitzung unserer Lebenssituation und jede Unterbrechung des Gewohnten kann für uns eine Wachstumsmöglichkeit bedeuten.

Statt zu beten: »Herr, nimm mir meine Probleme weg!«, kann ich fragen: Führen mich diese Probleme vielleicht neu und tiefer zu Jesus? Welcher Anruf Gottes begegnet mir darin? Wo muss ich mich verändern? Die Begegnung mit den dunklen Anteilen anderer offenbart mir auch, wo ich selbst noch ganz unfertig bin. Fahre ich aus der Haut, weil sich mir andere Menschen mit ihren Unarten zumuten, ist es um meine eigene Souveränität nicht gut bestellt. Die Selbstverliebten, die Reichen in den Palästen, die Starken und Gesunden und Mächtigen wollen vom Arzt nichts wissen, sagt Jesus. Nur wer leidet, erkennt sich als bedürftig. Wer arm ist, schaut nach Hilfe aus. In der Verunsicherung schlummert die Chance des Neuanfangs!

Eine unglaubliche Geschichte

Dann ging Jesus wieder hinaus an den See. Alle kamen zu ihm, und er sprach zu ihnen. Als er weiterging, sah er einen Zolleinnehmer an der Zollstelle sitzen: Levi, den Sohn von Alphäus. Jesus sagte zu ihm: »Komm, folge mir!« Und Levi stand auf und folgte ihm. Als Jesus dann in seinem Haus zu Tisch saß, waren auch viele Zolleinnehmer dabei und andere, die einen ebenso schlechten Ruf hatten. Sie alle aßen zusammen mit Jesus und seinen Jüngern. – Was die Zahl der Jünger betrifft: Es waren inzwischen viele, die sich Jesus angeschlossen hatten.

Die Gesetzeslehrer von der Partei der Pharisäer sahen, wie Jesus mit solchen Leuten zusammen aß. Sie fragten seine Jünger: »Wie kann er sich mit Zolleinnehmern und ähnlichem Volk an einen Tisch setzen?« Jesus hörte es, und er antwortete ihnen: »Nicht die Gesunden brauchen den Arzt, sondern die Kranken. Ich bin nicht gekommen, solche Menschen in Gottes neue Welt einzuladen, bei denen alles in Ordnung ist, sondern solche, die Gott den Rücken gekehrt haben.«

Markus 2,13-17

Einige Theologen betrachten die Geschichte des Levi als stilisierte Komposition. Ungeachtet der tatsächlichen Ereignisse sei es das Anliegen des Markus (bzw. der frühen Gemeinde) gewesen, die Bedeutung des Gottessohnes als Erlöser und Gottessohn auszudrücken. Eine solche Deutung dieses Textes hat seinen Grund, denn die Bekehrung des Levi wirkt allzu fremd: Mir nichts, dir nichts alles verlassen, das bleibt unverständlich. Levi war ein Mann, dem das Leben vieles bot, was den meisten anderen Menschen um ihn herum verwehrt blieb. Er war wohlhabend und einflussreich, er hatte Karriere gemacht und stand den Mächtigen nah. Warum lässt sich ein solcher Mann auf einen Wanderprediger ein? Warum folgt er seinem Ruf und was veranlasste ihn, sein festes Einkommen gegen die Unsicherheit eines unabsehbaren Abenteuers einzutauschen?

Jesus bringt als Arzt viel mehr als Medikamente. Er will von seinen Patienten wissen, welche Veränderungen bei ihnen möglich sind. Dabei packt er fest zu: Jesus sucht meine Leere hinter reich gefüllten Händen. Er stöbert die Scham meiner Sünde hinter der Maske meiner Wohlanständigkeit auf. Er sieht meine Schwäche hinter zur Schau gestellter Stärke, und vordergründige Unbeschwertheit verstellt ihm nicht den Blick auf meine Traurigkeit. Jesus bläst nicht in das Feuer unseres Lebens, wenn wir uns reich und satt vorkommen. Er ruft uns wie Levi in der Krise an: Folge mir! Und er hofft, dass wir mit Levi erfassen, dass unsere Chance gekommen ist.

Einstürzende Heiligtümer

Neben Lebensumbrüchen begünstigen bestimmte Lebenseinstellungen eine tiefe Erschöpfung oder gar einen Burnout. Es sind unsere begehrten und gefeierten Heiligtümer, die dann in sich zusammenbrechen. Jesus hat plakativ von »den Reichen« gesprochen und ihnen sein »Wehe euch!« in der Feldrede des Lukas entgegen geschleudert. Sicher nicht, weil es an sich böse ist, reich, stark, geachtet, religiös und angesehen zu sein. Sondern weil es uns die Sicht auf unsere Krankheit verstellt. Wer reich ist, verlässt sich statt auf Gott auf sein Geld. Wer von Adel ist, verlässt sich auf sein Ansehen. Wer ein Pharisäer ist, verlässt sich auf seine Frömmigkeit. Wer sich in seinem Erfolg sonnt, verlässt sich auf sein Können. Vieles, was wir Menschen hoch schätzen und begehren, kann sich als Bumerang erweisen. Wer sich keiner Schuld bewusst ist, verlässt sich auf seine Gerechtigkeit und wer meint, ihm sei alles möglich, verlässt sich auf seine Kraft. Wer schön ist, verlässt sich auf sein einnehmendes Wesen. Wer sympathisch ist, auf seine Ausstrahlung ...

Will ich nichts mehr von Gott haben, weil ich schon alles zu haben meine, bin ich ein perfekter Erschöpfungskandidat. Schlussendlich breche ich dann unter meinem eigenen Selbstbild zusammen. Kann ich dem nicht mehr genügen, hält mich nichts mehr. Es muss etwas anderes geben, das mich stützt.

Der physisch-psychische Zusammenbruch eines Christen geht immer mit einer geistlichen Not einher. Das ist wie in der Pflanzenwelt. An gesund aussehenden Bäumen finden sich häufig abgestorbene Äste. Sie durchfließt längst kein Saft mehr, aber sie bleiben am Baum. Im Blättermeer der übrigen Äste fallen sie auch gar nicht weiter auf. Aber werden sie belastet, brechen sie wie Streichhölzer. Auch der Glaubensast, auf dem ich sitze, verrät seine Tragfähigkeit erst im Augenblick akuter Belastung.

Ein Burnout hat immer Vorboten: Die persönliche geistliche Austrocknungsphase gehört ebenso dazu wie eine selbstgefällige oder unrealistische Selbsteinschätzung. Können wir uns dann schließlich doch nicht mehr als stark und stimmig sehen, bricht das Selbstbild zusammen und manchmal sogar die komplette Persönlichkeit.

Ein zündendes Gemisch

Levis Glaube an Jesus war nicht Zufall, sondern Antwort auf eine in ihm lang verschüttete Frage und die Erfüllung eines verdrängten Wunsches. Was ihm fehlte, fand er bei Jesus. Jesus traut nur den Verzweifelten zu, das Evangelium wirklich zu erfassen. Am Ende mit dem eigenen Latein sein und ratlos vor sich selber stehen, ist darum bei aller erlebten Tiefe eine Sternstunde unserer Möglichkeiten. Die Monotonie des Alltags und einer auf rostigen Gleisen rollenden Frömmigkeit steht vor dem Ende. Zwei Worte Jesu genügten, um Levi mitzureißen: Folge mir! Hier traf das Feuer des Evangeliums auf das Pulver eines Menschen, der nur auf seine Entdeckung wartete. Verachten wir unsere Krisen nicht!

Merksätze

- *Manchmal sind auch Störenfriede von Gott gesandte Boten.*
- *Jesus bläst nicht in das Feuer meines Lebens, sondern in die Glut verborgener Hoffnung.*
- *Will ich nichts mehr von Gott, weil ich meine, schon alles zu haben, bin ich ein perfekter Erschöpfungskandidat.*
- *Verachten wir unsere Krisen nicht!*

Die Angst, entdeckt zu werden

Burnout durch fachliche Überforderung

Ein weiterer klassischer Bournout-Auslöser ist die beständige Erfahrung fachlicher Überforderung. Fühle ich mich meiner Aufgabe nicht gewachsen und bin ich mir der eigenen Meinung und Entscheidungen nicht gewiss, schleiche ich irgendwann furchtsam durch die Gegend. Ständig empfundene Kompetenzdefizite wecken vor jedem öffentlichen Auftritt, bei Teambesprechungen und in Gesprächen die Angst, entdeckt zu werden. Bildhaft gesprochen tun wir darum gut daran, nicht mehr in unser Schaufenster zu stellen, als wir im Laden tatsächlich bereithalten. Wie das gelingen kann? Indem ich mich an dem freue, was andere beherrschen und besser können als ich!

Ich habe einen Computer – aber keine Ahnung, wie er funktioniert. Ich kann ihn bedienen, damit schreiben und Grafiken erstellen, aber ich verstehe die Technik nicht. Manchmal spricht mein Computer mit mir. Dann habe ich meist irgendeinen Fehler gemacht. Neulich meldete er sich ganz ab. Ich weiß nicht mehr, was da plötzlich auf dem Bildschirm stand. Ich weiß nur noch, dass er sich über irgendeine Störung in seinen Eingeweiden beschwerte. Danach war alles weg, der Bildschirm schwarz, kein Ton kam mehr heraus. Glücklicherweise habe ich einen Freund, der in der Computerbranche arbeitet. Ich rief ihn an und erklärte ihm mein Problem. »Was war die letzte Anzeige?«, wollte er wissen. »Was hast du getan, was davor, wie sieht der Bildschirm nun aus?« Ich beschrieb ihm alles, und er verstummte für einen Augenblick. Schließlich sagte er: »Das sieht schlecht aus. Du kannst ihn ausmachen, ich komme vorbei und will sehen, was noch zu retten ist.«

Es war tatsächlich alles weg. Alle Vorträge, Manuskripte, Predigten. Protokolle usw. Gesichert hatte ich in meinem jugendlichen Leichtsinn auch nichts – es sah ziemlich düster aus. Fragen

Sie mich nicht, was mein Freund mit dem Ding gemacht, welche Programme er aktiviert hat. Auf jeden Fall erwachte mein Computer wieder zum Leben, wie Phönix aus der Asche! Verloren geglaubte Dateien tauchten wieder auf, keine Ahnung, wo die herkamen. Mir genügte die Freude über das wieder Gefundene. Ich fühlte mich immer wieder durch eine Gemeinschaft beschenkt, in der manche einiges besser können als ich. So stehe ich auch staunend und bewundernd neben den Kollegen, die die hebräische Bibel und das griechische Neue Testament so spielerisch leicht lesen können, wie ich einen Jerry Cotton durchblättere. Es ist einfach toll, welche Begabungen manche Menschen haben!

In Ergänzung leben

Ich genieße es sehr, wenn mich andere Leute von den Früchten ihres Wissens naschen lassen. Vor einiger Zeit hörte ich auf einer Tagung den Vortrag eines Alttestamentlers. Dieser Vortrag hat mich richtig froh gemacht. Das geballte Wissen kam so bescheiden daher und die Ausführungen waren so bestechend klar, dass es eine Wonne war, dem Referenten zu folgen. In dem Maße, wie ich mich an den Fähigkeiten anderer freue, empfinde ich es nicht mehr als Blamage, etwas nicht zu wissen. Fachliche Wissenslücken sind zwar nicht schmeichelhaft, aber in den seltensten Fällen sind sie ein Grund, gleich meinen Sessel zu räumen.

Wenn wir vorgeben und andere glauben machen, wir hätten für jedes Problem eine Lösung und zu jedem strittigen Thema die einzig richtige Antwort, dürfen wir uns nicht wundern. Solches Gehabe zieht eine Vielzahl von Menschen an, denen es Mühe bereitet, eigene Entscheidungen zu treffen, und die ihre Verantwortung gerne an andere abtreten. Solche Beziehungen sind kräftezehrend und überfordern auf Dauer. Menschen mit eigenem Beurteilungsvermögen wollen hingegen nicht gegängelt werden und ihren Kopf nicht für Entscheidungen hinhalten, an denen sie nicht beteiligt waren. Vor frustrierendem Kompetenzgerangel schützt am besten Teamarbeit.

Ich will meine Defizite nicht als Niederlagen betrachten. Lange Zeit waren das für mich ziemlich verunsichernde Erfahrungen. Denn mit dem Eingeständnis eigener Unfähigkeit und Überforderung geben wir uns eine Blöße. Aber die darin liegenden Chancen überwiegen. Wir erfahren Ergänzung und werden beschenkt. Auf den ersten Blick erfordert es keinen Mut, sich helfen, sich etwas sagen und sich korrigieren zu lassen. Aber natürlich ermöglicht die gezeigte offene Flanke anderen, unseren Schwachpunkt zu ihrem Nutzen und unserem Schaden auszuspielen. Darum können wir uns solche Offenheit nicht beliebig erlauben. Zu den eigenen Defiziten zu stehen erfordert Vertrauen. Aber es lohnt sich, selbst wenn wir damit auch immer wieder einmal unliebsame Erfahrungen machen. Ständig die Maske der Alleskönner und Alleswisser zu tragen, kostet einen weitaus höheren Preis.

Umgang mit Kritik

Den Ladestatus meiner inneren Batterien kann ich an der Art ablesen, wie ich mit Kritik umgehe. Jemand aus der Gemeindeleitung sagte mir einmal, nachdem ich das Thema angesprochen hatte: »Die Kritik uns gegenüber hat nicht zugenommen, wenn ich das mit der Vergangenheit vergleiche. Aber weil wir erschöpft sind, fühlen wir uns mehr als früher persönlich angeklagt und angegriffen.« Ein wichtiger Indikator für geistliches, seelisches und körperliches Ausgebranntsein ist das aggressive oder depressive Gefühl, ins Unrecht gesetzt zu werden. Konflikte mit anderen werden in diesem Klima des Misstrauens in der Regel nicht angegangen, und so verbreitet sich ihr schleichendes Gift. Das wiederum führt zu neuen psychischen Belastungen und erschwert die Arbeit zusätzlich. Schließlich türmen sich die Belastungen zu Bergen, manchmal ohne dass wir das Problem bzw. seine Ursache genauer beschreiben könnten. Ist das der Fall, lohnt es immer, das Umfeld zu sondieren.

Als unbeteiligte Zuhörer haben wir uns alle schon gewundert, wie unsachlich manche Streitgespräche verlaufen. Völlig einseitig wird für bestimmte Überzeugungen oder Personen Partei ergriffen. Statt der Fakten regieren die Emotionen das Geschehen, und das geht meistens ins Auge. Aber wir kennen auch Streitgespräche, bei denen die Argumentation und der Schlagabtausch mit aller Gewalt auf der sachlichen Ebene gehalten werden. Der Trick bei dieser Spielregel ist, dass der verloren hat, der zuerst zuckt und Gefühle zeigt. Wenn »dicke Luft« herrscht, dann ist die reine Sachebene ebenfalls unangemessen. Denn Entscheidungen, die unter solchen Bedingungen getroffen werden, tragen nicht weit. Denn Gefühle zu verbergen bedeutet nichts anderes, als den vorhandenen Streit zu tabuisieren. Wird Streit aber unterdrückt und werden vorhandene Gefühle nicht zugelassen, bewirkt der Konflikt einen Aggressionsstau, der sich früher oder später ein Ventil sucht.

Verschiebebahnhof

Fühle ich mich meinen familiären, beruflichen oder privaten Herausforderungen nicht gewachsen, verfalle ich zuweilen auch auf Ablenkungsmanöver. Sie sollen helfen, den Emotionsstau in mir aufzulösen. Für Fehlentwicklungen sind dann »die Gemeinde« oder »die anderen« verantwortlich – was zumindest nicht die ganze Wahrheit ist. Denn die Probleme anzugehen und nicht zu beklagen ist in meinem Arbeitsumfeld zuallererst meine Aufgabe. Fehlgelenkte Übertragungen sind auch in Familien keine Seltenheit. Plötzlich attackieren sich Ehepartner und Kinder in einer Heftigkeit, die der tatsächlichen Situation unangemessen ist. Wegen Kleinigkeiten wird Streit vom Zaun gebrochen. An anderer Stelle entstandener Frust entlädt sich ausgerechnet unter den Liebsten wie ein Gewitterschlag. Dazu trägt in der Regel nicht die Missachtung der Familie bei, sondern dass es hier meist wenig zu befürchten gibt. Gerade der Ehepartner duldet Unarten des Partners auch dann noch, wenn andere hier längst nicht mehr mitspielen. Es ist leider so: Weil wir unseren Familienangehörigen am meisten vertrauen, muten wir ihnen auch am meisten zu. In der

Gemeinde verhält es sich ähnlich. Aber hier wie dort ist es gut, wenn die Leidtragenden bei diesem Spiel nicht mitmachen.

Wie mir tut es den meisten Menschen weh, geschnitten zu werden. Manchmal geschieht das mitten unter vertrauten Menschen. Wir kennen das Gefühl am Arbeitsplatz und sogar in der Freundesgruppe. Wir werden übersehen in der Cafeteria, im Uni-Hörsaal und von unseren Kinder. Selbst in unseren Ehen kann das so sein. Es braucht viel Kraft, sich diesen Schmerz einzugestehen und nicht den Starken und Souveränen zu spielen. Es braucht dazu auch den Entschluss, aus der »Ich bin stark, mir macht das nichts«-Rolle auszubrechen und zu sagen, wie es wirklich um uns steht.

Verdrängte Macht

Über Macht wird in der christlichen Gemeinde meist wenig gesprochen. Lieber verdrängen wir das Thema aus unseren Empfindungen und verzichten auf eine ehrliche Selbstprüfung. Darin liegt eine große Gefahr, denn was wir uns nicht bewusst machen, können wir auch nicht steuern. Unaufgedeckt und uneingestanden ist der Umgang mit Macht gefährlich. Doch wenn wir sie leugnen, obgleich wir doch täglich mit ihr umgehen, wird Macht unberechenbar.[9]

Vor allem meine herangewachsenen Kinder haben mich diesbezüglich korrigiert. Manchmal war es wirklich hart für mich, ihre Wege und Entscheidungen zu akzeptieren. Aber sie haben mich gelehrt, dass meine Art, an Herausforderungen und Probleme heranzugehen, nur eine von vielen möglichen ist. Ich habe erkennen

---

[9] Jesus warnte darum seine Jünger eindringlich vor herrschsüchtigem Verhalten (Matthäus 20,25-28) und in den Briefen des Neuen Testaments wird das Thema aufgegriffen, weil Leiter versucht sind, sich die Last ihrer Berufung durch Machtgehabe zu erleichtern (1. Petrus 5,1-4). Neben diesen Warnungen hat die Bibel jedoch insgesamt ein positives Verhältnis zu Leitungsaufgaben im Volk Gottes (1. Thessalonicher 5,12; 1. Timotheus 5,17). Denn im positiven Sinne ist Autorität die Übernahme von Verantwortung zum Wohle anderer (1. Korinther 12,28; 1. Timotheus 3,2).

müssen, dass manche meiner Werte nicht ihre sind, aber dass es meine Aufgabe ist, sie trotzdem zu respektieren. So wie ich das umgekehrt auch von ihnen erwarte.

Im Umgang mit meinen Kindern habe ich auch viel über mein Verhältnis zu Gott verstanden. Es ist unbegreiflich groß und eine überwältigende Erfahrung, dass der Vater im Himmel, der alle Macht hat, zu tun, was er will, und durchzusetzen, was er für richtig hält, genau dies nicht tut. Jesus verzichtete bis in den Tod hinein auf die Demonstration seiner Überlegenheit, weil er sich ganz mit dem Vater im Himmel verbunden wusste. Darum ist der beste Schutz vor herrschsüchtigem Verhalten, durch Bitte, Fürbitte und Anbetung in seiner Nähe zu bleiben.

Ich scheitere in meinen privaten und gemeindlichen Aufgaben, wenn ich meinen Hunger nach Einflussnahme nicht durch Jesus begrenzen lasse. Weil sich das Machtbedürfnis aus der Angst um mich selbst nährt, beuge ich dem persönlichen Machtmissbrauch am besten vor, indem ich mich der Seelsorge Jesu anvertraue. Weiß ich mich von ihm umsorgt, machen mir andere Menschen nicht mehr so viel Angst, und folglich ist es nicht mehr so wichtig, sie zu kontrollieren. Nichts kann mich von der Liebe Gottes trennen (Römer 8,31ff)! Wenn diese Gewissheit in mir wohnt, bin ich in bester Weise davor bewahrt, über Menschen regieren zu wollen.

Merksätze

- *Fachliche Überforderung ist ein Burnout-Faktor ersten Ranges.*
- *Wenn andere mich durch ihre Begabungen und Fähigkeiten ergänzen, ist das ein Geschenk.*
- *Die Eigenverantwortung des Einzelnen zu betonen, schützt ebenso vor Burnout, wie Teamarbeit.*
- *Ein Indikator für Ausgebranntsein ist das aggressive oder depressive Gefühl, ins Unrecht gesetzt zu werden.*

Liebeswille

Gottes Sehnsucht

Ich stelle mir vor, ich sei allmächtig. Ich bin nicht an Raum und Zeit gebunden, ich kenne keine Krankheit, keine Erschöpfung, es gibt für mich keinen Tod und keine Zeit, die mich begrenzt. Ich stelle mir vor: Ich kann mir jeden Wunsch erfüllen. Bis auf einen: Ich ersehne mir die Liebe eines Menschen, der sie jedoch nicht erwidert. Vielleicht ist es die Liebe meiner Mutter oder meines Vaters oder die Liebe meines Partners oder eines anderen Menschen, der mir sehr wichtig ist. Aber so sehr ich mir auch seine Zuwendung wünsche und so viel ich dafür auch eingesetzt habe – mein Sehnen erfüllt sich nicht. Ich kann nichts daran ändern. Ich spüre nur unermesslichen Schmerz darüber. Was soll ich tun?

Diese Situation beschreibt die Bibel aus der Sichtweise Gottes im Propheten Hosea 2,4-22:

»Erhebt Anklage gegen eure Mutter Israel!«, sagt der Herr. »Klagt sie an! Denn sie hat so gehandelt, dass sie nicht mehr meine Frau sein kann und ich nicht mehr ihr Mann. Sie soll die Zeichen ihrer Hurerei aus ihrem Gesicht und von ihrer Brust entfernen, alles, was daran erinnert, dass sie mir die Treue gebrochen hat. Sonst werde ich ihr alle Kleider nehmen, sodass sie nackt und bloß ist wie am Tag ihrer Geburt. Ich mache sie zu einer Wüste, zum wasserlosen Land; ich lasse sie verdursten.

Mit ihren Kindern habe ich kein Erbarmen, weil sie Kinder einer Hure sind. Ihre Mutter hat es mit anderen Männern getrieben und gesagt: ›Ich laufe meinen Liebhabern nach. Sie geben mir, was ich brauche: Brot und Wasser, Wolle und Flachs, Öl und Wein.‹ Darum versperre ich ihr den Weg mit Dornengestrüpp und verbaue ihn mit einer Mauer. Wenn sie dann ihren Liebhabern nachläuft, kann sie sie nicht erreichen; sie sucht sie, aber kann sie nicht finden. Dann wird sie sagen: ›Ich will zu meinem ersten Mann zurückkehren. Bei ihm ging es mir besser!‹ Sie wollte nicht wahrhaben, dass ich es gewesen bin, der ihr Korn, Wein und Öl gab. Mit Silber und Gold habe ich sie überhäuft – und sie hat es zu ihrem Baal getragen!

Darum nehme ich mein Korn und meinen Wein wieder an mich, gerade dann, wenn sie die Ernte einbringen will. Ich nehme ihr meine Wolle und meinen Flachs, sodass sie nichts mehr anzuziehen hat. Ich stelle sie nackt vor ihren Liebhabern an den Pranger, und keiner von ihnen kann sie aus meiner Hand befreien. Ich mache all ihren Freudenfesten ein Ende, den Feiern am Neumond und am Sabbat und den großen Festen im Jahreslauf. Ich vernichte ihre Weinstöcke und Feigenbäume, von denen sie sagte: ›Das ist der Lohn, den mir meine Liebhaber gegeben haben!‹ Die Pflanzungen lasse ich verwildern; was noch wächst, wird vom Wild abgefressen.

So bestrafe ich sie dafür, dass sie ihren Liebhabern, den Baalen, nachgelaufen ist, dass sie ihnen Opfer dargebracht und sich für sie mit Ohrringen und Halsketten geschmückt hat – und mich hat sie vergessen! Das sage ich, der Herr.« »Dann aber will ich selbst sie umwerben. Ich werde sie in die Wüste bringen und ihr zu Herzen reden. Dort wird sie meine Liebe erwidern wie damals, als sie jung war, als sie aus Ägypten kam. Danach werde ich sie zurückbringen und ihr die Weinberge wiedergeben, und das Achortal, das »Unglückstal«, soll zu einem Tor der Hoffnung werden. Wenn das geschieht, wirst du mich deinen Mann nennen – sagt der Herr zu Israel – und nicht mehr deinen Baal.

Ich werde dich dazu bringen, dass du das Wort Baal nie mehr in den Mund nimmst. Und ich werde mit dem Wild, den Vögeln und allen anderen Tieren eine Übereinkunft treffen, dass sie dir keinen Schaden mehr tun. Ich zerbreche alle Kriegswaffen und entferne sie aus deinem Land, sodass du in Frieden und Sicherheit leben kannst. Ich schließe die Ehe mit dir für alle Zeiten; mein Brautgeschenk für dich sind meine Hilfe und mein Schutz, meine Liebe, mein Erbarmen und meine unwandelbare Treue. Du wirst erkennen, wer ich bin – ich, der Herr.«

Eine aussichtslose Situation

Die Bibel erzählt, dass sich Gott in aussichtsloser Lage vorfand, weil sich sein Volk wieder und wieder von ihm abwandte. Der

Prophet Hosea lebte um 750 vor Christus. Mehr als dreißig Jahre lang begleitete er sein Volk, indem er ihm Gottes Willen mitteilte und die Israeliten für ihn zu gewinnen suchte. Den Leuten ging es damals nicht schlecht. Zwar war das Land voller Soldaten aus Assyrien, aber der Handel florierte, und die Menschen hatten Zeit, sich mit unbedeutenden Dingen zu befassen. Sie lebten ihr Leben, wie es gerade kam. Sie vergnügten sich, wo sich die Gelegenheit dazu bot. Sie hatten sich ihre eigene Religion zurecht gebastelt und lebten ihren Sexualtrieb im Baalskult voll aus. Dafür, wird vermutet, schmückten sich die Tempel-Huren mit Amuletten an Halsketten und Ohrringen und bemalten sich mit kultischen Ornamenten.

Die Zeit des Hosea glich in vielem unserer Zeit. Die Leute hatten Lust auf alles, was Spaß machte – nur für Gott hatten sie keine Zeit, und sie hatten auch keine Lust, auf Jahwe zu hören. Der Prophet erzählte ihnen unermüdlich und leidenschaftlich von ihrem Gott. Denn Jahwe hatte ihm deutlich gemacht, dass seine Mitmenschen nichts mehr brauchten als die Begegnung mit dem lebendigen Gott. Darum spricht der Prophet von Jahwe, ausdrücklich immer wieder von Jahwe, dem Gott Israels. Er vermeidet es bewusst, bloß von Gott zu sprechen oder von El (d. h. Gott) oder Elohim (d. h. Herr) oder von dem Gott Baal, der zu dieser Zeit sehr im Trend lag. Hosea betont den Namen Gottes, weil er sein Volk durch die Wüste geführt hatte, damit es sich fest an ihn binde. Das hatten die Israeliten längst vergessen. Und auch, was Jahwe alles für sie getan hatte. Der Gottesbote möchte, dass die Erinnerung wiederkehrt und sie begreifen, dass es »jetzt« – auch eine Vokabel, die kein anderer Prophet so häufig wie Hosea gebraucht – um die wichtigste Sache überhaupt geht: um Freundschaft mit Jahwe, um Ehrfurcht vor ihrem Gott!

Liebe lässt sich nicht erzwingen

Hoseas Sprache ist ungewöhnlich und neu. Er reiht einen Vergleich an den anderen, um das Verhältnis Jahwes zu den von ihm geliebten Menschen zu beschreiben. Einer seiner ausdrucksstärksten Vergleiche ist der des betrogenen Ehemannes. Hosea war so ein Mann. Er hatte eine Hure geheiratet, die es nicht lassen konnte. Immer wieder ließ sie sich mit anderen Männern ein. Der Gottesmann bekam es mit, aber er blieb ihr treu. Er bat sie, damit aufzuhören, aber sie meinte, er solle sich nicht so haben. Der Job im Tempel, wo sie ihre Kunden empfing, brachte ihr Vorteile. Hosea litt sehr darunter. So wurden seine zerrüttete Ehe und er selbst, der vielfach gehörnte Ehemann, ebenfalls zum Gleichnis. Das Verhältnis Israels zu Jahwe sah nicht besser aus: Jahwe ist in der Verkündigung Hoseas der Betrogene, der gehörnte Gott. Dumm steht er da. Wie einer, der um jeden Preis zu der Liebe steht, die er geschworen hat. Jahwe, der Gott Israels – belächelt, verspottet und vorgeführt, weil er einer Hure die Treue hält! Ist der noch zu retten, ist dem noch zu helfen?

Wenn Not am Mann ist und Frau verzweifelt, erinnern wir uns an Gott. Manchmal ist es mit dem Glauben so, dass wir Gott wie eine Taschenlampe im Dunkeln benutzen, um unsere Angst zu bewältigen und den Weg zu finden, nach dem wir suchen. In der Not rufen viele nach Gott. Sind wir dann durch den Tunnel, schalten wir die Taschenlampe aus und legen sie beiseite. Wer je von Menschen derart benutzt wurde, kann sich vorstellen, wie Gott sich fühlt, wenn wir so mit ihm umgehen. Er hat es mit Strafe versucht, mit Naturkatastrophen, Kriegen, Seuchen – und noch viel mehr mit Liebe. Sein Volk ließ sich nicht für ihn zurückgewinnen. Es hat alles nichts gefruchtet. Kaum ein anderer Prophet hat so klar wie Hosea erkannt, dass uns nur noch durch Gott selbst geholfen werden kann. Nur er kann retten!

Dann, acht Jahrhunderte später, kam Gottes Sohn auf die Welt. Aber er kam nicht nur zu den Juden. Er kam, um alle Menschen zu retten. So wurde die Geschichte des Hosea zu meiner Geschichte. Nichts hielt Gott davon ab, durch seinen Sohn intensiver als je zuvor nach mir zu suchen. Er gab seine Allmacht auf und kam auf die Erde. Er war Gottes Sohn unter Menschen. Diese Unvorsichtigkeit hat er mit dem Tod bezahlt. Die Evangelien erzählen, dass Jesus dieses Risiko bewusst einging, denn er wünschte nichts mehr, als mich zu retten. Mich bis in den Tod hinein zu lieben, war seine Passion.

Teil 2:

Kleine Schule der Burnout-Prävention

Gemeinde gestalten

Auf die Mischung kommt es an

Das Gemeindeleben lässt sich mehr oder weniger in vier übergreifende Bereiche einteilen: Lehre, Seelsorge, Gemeinschaft und Praxis (Abb. 1).

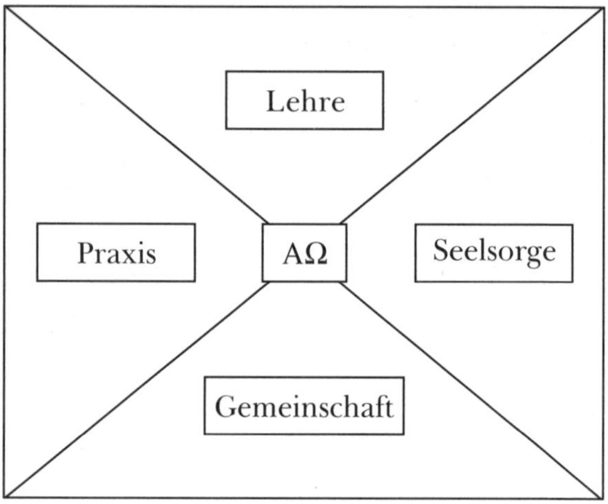

Abb. 1

Diese vier Aspekte sind grundlegend für ein gesundes geistliches Gemeindeleben. Ihre gemeinsame Mitte haben sie in Christus, dem Anfänger und Vollender unseres Glaubens. Häufig wird den einzelnen Gemeindebereichen ein sehr unterschiedliches Gewicht zugestanden. Immer finden sich einige Leute, die einen dieser Aspekte für vorrangig halten (Abb. 2). Rückt aber ein einzelner Bereich in den Vordergrund und steht nicht mehr die Vielfalt des Gemeindelebens im Mittelpunkt, kommt es zu Lagerbildungen. Verdichten sich dann die Rivalitäten um den richtigen Gemeindeansatz, endet das entweder in chronischer Gemeindestarre oder es kommt zum offenen Konflikt, vielleicht sogar zur Gemeindespaltung.

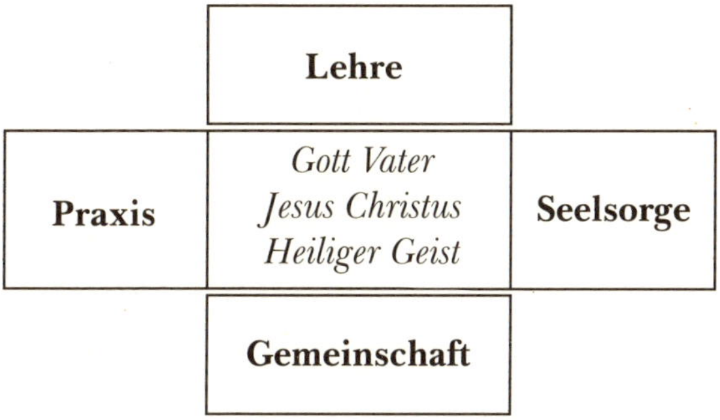

Abb. 2

Tatsächlich stehen alle vier Bereiche eines geistlich gesunden Gemeindelebens in einem unmittelbaren und unaufhebbaren Zusammenhang. Jedes der vier Elemente ist unverzichtbar für das Leben eines Christen und das seiner Glaubensgemeinschaft. Deshalb darf keiner der vier Anteile durch einen anderen verdrängt werden. Das wird einsichtig, wenn wir die einzelnen Aspekte der unterschiedlichen Bereiche genauer bestimmen. Wie gestaltet sich der Glaube in christlicher Lehre, Praxis, Seelsorge und Gemeinschaft und wie dienen sie, einander ergänzend, der Verwurzelung des Glaubens (Abb. 3)?

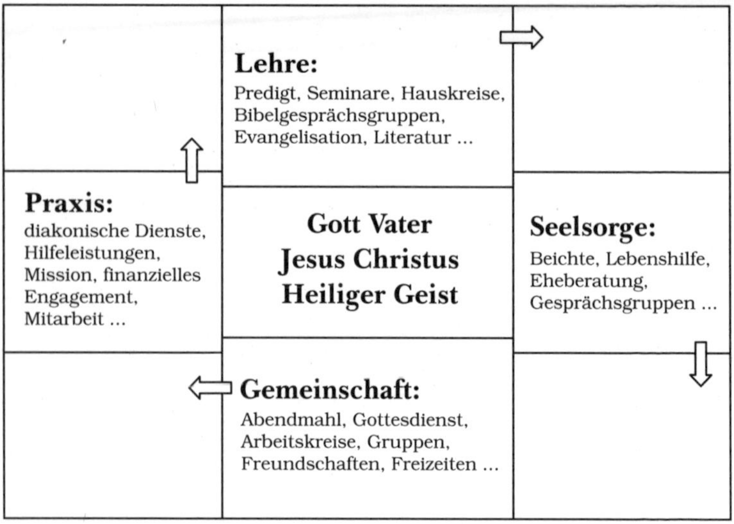

Abb. 3

Lehre, Seelsorge, Gemeinschaft und Praxis: Ihr ausgewogenes Zusammenspiel dient der Gemeinde mit einer wirkungsvollen Burnout-Prävention! Unter diesem Gesichtspunkt werden Schnittflächen erkennbar. Doppellungen und wechselseitige Verbindungen zeigen sich. Eines hängt am anderen, und das eine benötigt das andere Element.

Denken wir zuerst über das theologisch-biblische Fundament nach, die Lehre. Sie fördert die Verwurzelung im Glauben. Nehmen wir dann den seelsorgerlichen Bereich der Evangeliumsbotschaft in Augenschein, bedenken wir anschließend die Praxis des Glaubens und wenden wir uns schließlich seinem Gemeinschaftsaspekt zu. Diese Reihenfolge ist beliebig, weil alle Aspekte mit- und untereinander verwoben sind.

Taufrische biblische Lehre

Das Neue Testament beschreibt biblische Lehre als unverzichtbaren Bestandteil des Gemeindelebens und persönlichen Christseins. Apostelgeschichte 2,42 erwähnt die Lehrunterweisung an herausragender Stelle. Die Gemeinde traf sich beständig zur Apostellehre. Der Schreiber des Hebräerbriefes ermahnt seine Leser, die Gemeindeversammlungen nicht zu versäumen. Denn hier erfahren angefochtene Christen Trost und Hilfe durch Gottes Wort, aber auch Ermahnung und Zurechtweisung. Die Leitung einer Ortsgemeinde ist dafür verantwortlich, dass die Gläubigen die Gute Nachricht von Jesus Christus hören und verstehen lernen. Dabei ist die verkündete Botschaft einerseits der Tradition verpflichtet, andererseits aber immer aktualisierend in die Gegenwart der Hörer hineingesprochen. Weil die Lehre jedoch in Gefahr steht, sich zeitbedingten Erwartungen anzupassen, muss sich alle Schriftauslegung des reformatorischen Grundsatzes bewusst bleiben, dass die Bibel sich selbst auslegt. Dieser Grundsatz betont die Verbindlichkeit des Schriftsinns gegenüber aller Lehr- und Traditionsbildung, persönlicher Erfahrung und Beliebigkeit.

Heilende Seelsorge

»Ich habe den Glauben an Jesus Christus angenommen«, sagt mir ein junger Mann, »aber ich fühle mich nicht von ihm angenommen.« Dieses Empfinden ist ein potenzielles Einfallstor für Burnout. Unser Herz widersetzt sich dann dem Vertrauen auf Gott, und unser Alltag widersetzt sich unserem Selbstvertrauen. In dieser doppelten Spannung suchen wir schlüssige Antworten. Bald zeigt sich, dass sachliche Antworten die Probleme nicht aufzuschließen vermögen. Was wir im Kopf bewegen, dringt nicht zu unseren Herzen vor. Doch wenn wir unsere Empfindungen aus der Begegnung mit dem Vater im Himmel heraushalten, erfahren wir nicht seinen Trost und seine Ermutigung. Die Seele will vielstimmig anklingen. Zur Gottesbegegnung gehört es, ihm unsere Eintönigkeit zu klagen und uns in Vielstimmigkeit im persönlichen und gemeindlichen Leben zu üben.

Ermutigende Gemeinschaft

Was die Gemeinschaft der Christen uns schenkt, können wir uns nicht selber geben. Denn Gemeinde ist nicht nur ein soziales Gefüge, sondern ein christlicher Lebensraum. Hier unterstützen sich die vielen Teile untereinander. Jeder Christ trägt darum etwas zum Leib der Gemeinde bei, und kein Teil des Leibes darf gering geachtet werden.

Die Gemeinde Jesu stellt sich heute sehr unterschiedlich und uneinheitlich dar. Man kann das als gesunde Vielfalt betrachten und darin einen Gewinn sehen. Auf kirchendistanzierte Menschen wirkt diese Unterschiedlichkeit allerdings meist verwirrend. Was können wir also tun, damit diese Menschen lernen, Randthemen vom Zentrum des gemeinsamen Glaubens zu unterscheiden? Jesus gibt darauf eine Antwort: Lebt die Einheit, zu der ich euch berufen habe! Darin liegt vielleicht die Chance der Gemeinde Jesu in unserer Zeit. Authentische Gemeinschaft ist anziehende Gemeinschaft. Sie wirkt auf viele Menschen wie ein Magnet. Jesus bittet seinen Vater um die Einheit seiner Gemeinde, »damit die Welt erkennt, dass du mich gesandt hast« (Johannes 17,21.23).

Lebensechte Praxis

Praxis ist alles, Theorie taugt nicht. Verfechter dieser Position mehren sich, wenn das Ziel der Gemeindearbeit unkonkret bleibt. Sicher ist Glaube ohne Werke tot, aber die Praxis ist auch nicht das Heilmittel gegen jedes und alles (wie z. B. Konzeptlosigkeit).

Heben wir einen schweren Gegenstand einseitig auf, kann diese Fehlhaltung schmerzhaft enden. Werden Aktionen überbetont, bringt das ebenfalls eine Fehlbelastung mit sich, und zwar für die ganze Gemeinde. Die durch Überforderung ausgelöste Verspannung Einzelner, zumal leitender Mitarbeiter, beeinträchtigt den kompletten Gemeindeorganismus. Umgekehrt sind gesunde Gemeinden immer handlungsbereit und auch handlungsfähig.

Öfter ist mir die Auffassung begegnet, ernst gemeinten Beziehungen zu Nichtchristen müsste eine intakte persönliche Gottesbeziehung vorausgehen, und bevor die Gemeinde diakonisch tätig werden wolle, müsse sie diesbezüglich nach innen glänzen. Bevor die Gemeinde Kirchendistanzierte mit dem Evangelium erreichen könne, müsse jedem einzelnen Schaf der Gemeinde nachgegangen werden, um es gegebenenfalls zur Herde zurückzuführen. Diese Alternativen gehen im Kern an der Sache vorbei. Gemeinde als Institution ist wohl auch möglich ohne diakonisch-missionarische Praxis. Aber es ist ein Gemeindeleben ohne Herzschlag. Eine intakte Gottesbeziehung ist nicht von unserer Lebens- und Glaubenspraxis zu trennen! Selbstverständlich benötigen wir dabei auch die Ergänzung durch die Erfahrung anderer Christen, denn niemand kann alles tun und niemand verkörpert in sich alle geistlichen Gaben. Aber wo immer und wie auch immer wir uns auf andere Menschen einlassen, bereichert das unsere eigene Gottesbeziehung.

Denkpause

- *Was können wir zur Unterstützung der einzelnen Felder (vgl. Abb. 3) persönlich und gemeinschaftlich tun? (Tragen wir dazu in die entsprechenden freien Felder erste Gedanken ein.)*

Meine Mitte finden

Leben im Einklang mit sich selbst

Selten werden uns alle Aspekte gleichermaßen betreffen, die zu einem körperlichen und seelischen Erschöpfungszustand führen. Aber immer gibt es vier Bereiche, die es im Auge zu behalten gilt (Abb. 4). Sie betreffen uns als geistigen Menschen (wie wir denken), seelischen Menschen (wie wir unseren inneren Menschen pflegen), leiblichen Menschen (wie wir unsere Gesundheit erhalten) und pneumatischen Menschen (unsere Beziehung zu Gott).

Die vier Personanteile:

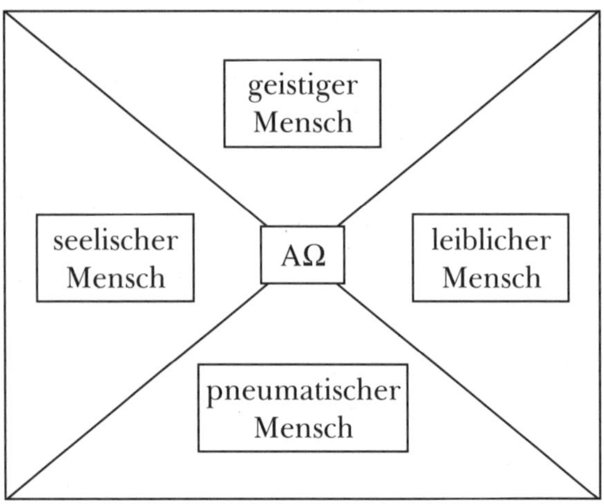

Abb. 4

Geist, Seele und Leib sind untrennbar miteinander verknüpft. Die uns vertraute Aufteilung des Menschen in diese drei Personanteile habe ich um den des pneumatischen Menschen erweitert. Denn die Bibel beschreibt den Christen als durch Gottes Heiligen Geist begabt. Aber sie betrachtet auch Menschen, die keinen persönlichen Glauben an Jesus Christus haben, als Gottes Geschöpfe. Jeder Mensch ist berufen, zu Gott zu gehören. Deshalb ist auch jeder Mensch nicht »vollständig«, wenn er diese geistliche (pneumatische) Dimension vernachlässigt oder sie ihm gänzlich fremd bleibt. In der Abbildung 4 steht dafür das »A & O« in der Mitte der sich kreuzenden Linien bzw. Personanteile.

Ideal ist es, wenn die vier Bereiche in einem ausgeglichenen, das heißt gleichgewichtigen Verhältnis zueinander stehen. Deshalb fallen in der Grafik alle vier Felder gleich groß aus. Zugleich müssen wir uns aber vor Augen halten, dass diese vier Anteile im tatsächlichen Leben nicht so eindeutig voneinander zu trennen sind. Zwischen den einzelnen Bereichen gibt es eine Vielzahl von Verbindungslinien und Abhängigkeiten. Vor allem aber soll der »pneumatische Mensch« die ganze Persönlichkeit des Christen durchdringen. Soll die Burnout-Symptomatik konkret aufgeschlüsselt werden, führt die enge Verknüpfung der vier Personanteile untereinander zu einer Art »Wollknäueleffekt«. Was ist damit gemeint?

Leiden wir unter chronischer Erschöpfung, dann durchblicken wir oftmals nicht mehr unsere Situation. Es ist, als wollten wir einen Faden aus einem Wollknäuel herausziehen – und stellen dann fest, dass er hoffnungslos in dem Gesamtknäuel verstrickt ist. Das bedeutet: Die einzelnen Faktoren, die zum Burnout führen, hängen sehr stark zusammen.

Alle Lebensbereiche sind wichtig

Als Einzelpersonen leben wir zugleich in einem Sozialgefüge (Abb. 5). Dazu gehört unser familiäres und berufliches Umfeld sowie der gemeindliche Lebensbereich. Mit dem persönlichen und dem sozialen Gefüge verbinden wir bestimmte Bedürfnisse. Auch sie sollten idealerweise in einem ausgeglichenen Verhältnis zueinander stehen.

Die vier Lebensbereiche:

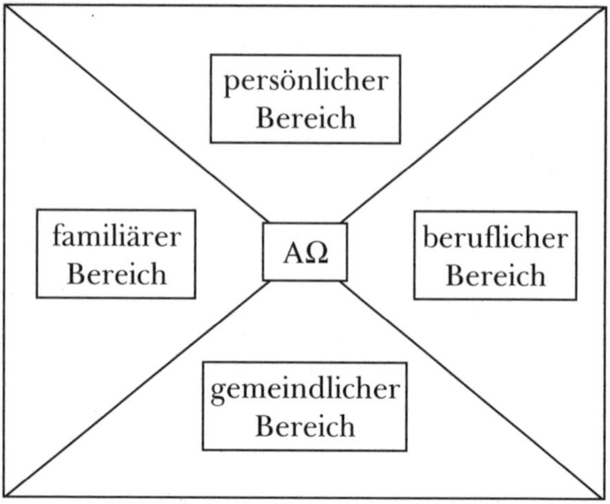

Abb. 5

Oftmals wird das geistliche Leben wesentlich in eins gesetzt mit gabenorientierter Gemeindemitarbeit. Wenn man sich klar macht, dass viele Christen gerade in dieser Funktion (sei es als vollamtlicher, sei es als ehrenamtlicher Mitarbeiter) ausbrennen, wird hier ein spezifisches Problem erkennbar. Denn in Zeiten hoher persönlicher, beruflicher, familiärer oder gemeindlicher Belastung wird der persönliche Einsatz vielfach als Konkurrenz zum »normalen« Leben oder als dessen Ersatz empfunden (Abb. 6).

Das Gemeindeengagement als Konkurrent oder Ersatz des »normalen« Lebens

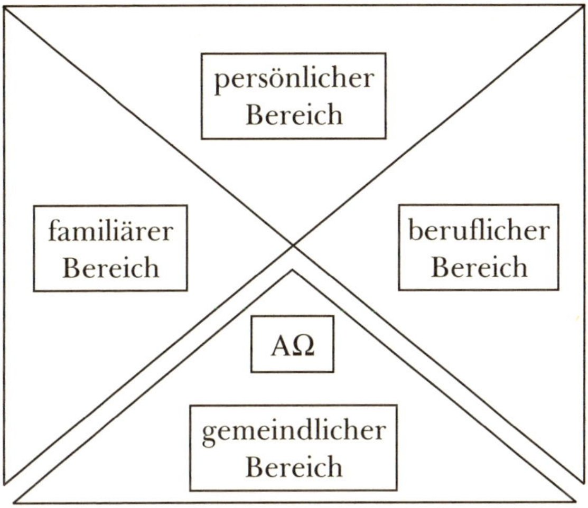

Abb. 6

Es ist der oft unbewusst verlaufende Prozess, das geistliche Leben und Erleben in der Gemeinde von der eigenen Person und der Erfahrung des Alltags in Beruf und Familie abzukoppeln. Die geistliche Lebensmitte, das »A & O« (Christus), beschränkt sich dann nur noch oder fast ausschließlich auf das so genannte »geistliche Leben«, das wiederum hauptsächlich im Bereich der Gemeinde stattfindet.

Leben in Disharmonie

Parallel dazu verselbstständigt sich der »pneumatische Mensch« (Abb. 7).

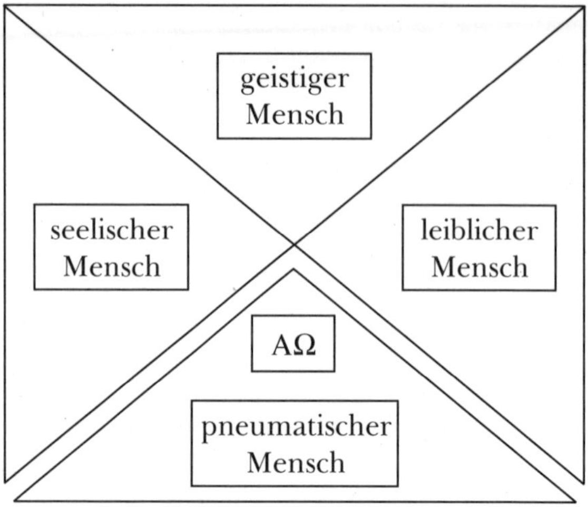

Abb. 7

Gegenüber den drei anderen Personanteilen des geistigen, leiblichen und seelischen Menschen wird die Gottesbeziehung im Sinne von Gemeindemitarbeit quasi funktionalisiert. Im Ergebnis verlieren wir in doppelter Hinsicht unsere Integrität: einerseits durch die relative Abtrennung der Gemeinde von den persönlichen, beruflichen und familiären Lebensbereichen (Abb. 6) und andererseits durch die Ablösung der Gottesbeziehung von Seele, Geist und Leib (Abb. 7).[10] Der dadurch entstehende Schaden ist beträchtlich. Denn tatsächlich ist ja der Glaube eins mit uns, und zwar ganz und gar. Weil Christus im Christen lebt, kann es keine Trennung von »geistlichem Leben« und »normalem Leben« geben. Löst sich das eine vom anderen, führt das in eine Sackgasse. Privat bin ich dann ein anderer als in der Öffentlichkeit (oder der Gemeinde).

[10] Ein dritter Aspekt betrifft das Auseinanderdriften der gemeindeinternen Betriebsamkeit, bei Vernachlässigung der nach außen gerichteten missionarisch-diakonischen Sendung der Gemeinde.

Denkpause

- *Welchem der vier Personanteile schenke ich in meinem Alltag besondere Beachtung und welche kommen zu kurz?*
- *Welchem der vier Lebensbereiche schenke ich in meinem Alltag besondere Beachtung und welche kommen zu kurz?*
- *Wo halte ich mich auf? Welcher Person- und Lebensbereich bedarf meiner besonderen Aufmerksamkeit?*

Mich selbst führen

Topfit mit Jesus

Wenn die scheinbar selbstverständlichen Mechanismen christlicher Lebensgestaltung nicht mehr greifen, ist unser Glaube gefährdet. Statistisch betrachtet ist der Ausstieg aus der Religion in den Jahren starker persönlicher Umbrüche am häufigsten.[11] Menschen mittleren Alters sind in hohem Maß mit den Anstrengungen des Berufslebens und der Familie belastet. Wie sehr bemerken wir manchmal erst dann, wenn sie sich unauffällig aus der Gemeinde zurückziehen oder zusammenbrechen. Am Anfang eines solchen Ausstiegs auf Raten steht oft, dass eine bestimmte Aufgabe abgegeben wird. In Firmen und Gemeinden stehen ständig neue Programme auf der Tagesordnung, bei denen möglichst alle mitziehen sollen. Dahinter steht der Wunsch, dass das Geschäft weiter brummt und die Gemeinde weiter wächst. Aber muss dieses Motiv nicht hinterfragt werden, wenn es den Preis ausgebrannter Mitarbeiter kostet?

Wir haben bereits gesehen: Um als Christ fit zu bleiben und nicht innerlich auseinander zu driften, müssen wir sie alle beisammen haben: Geist, Leib, Seele – und Christus in unserer Mitte (Abb. 4). Ebenso wichtig ist es, dass wir als Person wahr sind: vor Gott, vor uns selbst und vor anderen Menschen, ob in der Gemeinde, in der Familie, am Arbeitsplatz oder anderswo (Abb. 5). Ideal wäre, dass alle vier Personanteile und ebenso alle vier Lebensbereiche für uns gleichwertig sind. Realistisch ist, dass wir diese Harmonie und Ausgewogenheit niemals völlig erreichen. Zudem kann ein drohender Burnout nicht sicher prognostiziert werden.

[11] Vgl. zum Gesamtkomplex Friedrich Schweitzer, Postmoderner Lebenszyklus und Religion, Chr. Kaiser Verlag, Gütersloh 2003.

Aber er wird begünstigt, wenn diese acht Anteile in ihrer Relation zueinander in gravierende Unordnung geraten.

Andererseits sind es dieselben Bereiche, die zugleich die Chance bieten, unsere Energiereserven aufzufüllen. Was uns nämlich einerseits belastet, fördert uns andererseits in unserer persönlichen Entwicklung und in unserem Wohlbefinden. Das ist ein Grund, weshalb wir uns zumeist nicht nachhaltig besser fühlen, wenn wir eine Belastungsquelle einfach nur streichen.

Haben wir unsere persönlichen Defizitbereiche bestimmt, sind wir in der Burnout-Prävention ein gutes Stück vorangekommen. Sich allein auf diese Belastungsfelder zu konzentrieren, ist jedoch nicht ratsam. Meistens tauchen dann nämlich andernorts weitere Probleme auf. Erinnern wir uns an das Wollknäuel: Eins hängt am anderen! Um uns geistlich und menschlich gesund zu erhalten, müssen wir sensibel auf uns selbst achten. Wir müssen immer wieder schauen, wo wir uns gerade aufhalten und welcher Person- und Lebensbereich unserer besonderen Aufmerksamkeit bedarf. Selbsthilfe beginnt immer so: Ich greife meinen roten Faden auf und folge ihm geduldig.

Einzelkämpfer

Bei Waschmaschinen schließt der Schleudergang das übliche Waschprogramm ab. Zuvor ging es schon öfter ziemlich rund, hohe Drehzahlen wurden erreicht, dann mal wieder langsamer, dann wieder schneller – am Ende wie gesagt Schleudergang. Was bis dahin an Saft und Kraft noch in der Wäsche steckte, wird jetzt hinausgeschleudert, mit einem schlürfenden Geräusch abgesaugt, um dann unbesehen im Abfluss zu verschwinden. Wäsche rausholen – fertig.

Bald fertig ist auch mancher von uns, nur wir wissen es noch nicht. Was man als Burnout bezeichnet[12], beginnt nämlich meist

[12] Der Begriff wurde 1974 erstmals von dem Psychoanalytiker Herbert Freudenberger geprägt.

mit dem Glauben an eigene schier unerschöpfliche Energiereserven. In der Burnout-Literatur liest man dazu: Der Teufelskreis beginnt mit dem Bedürfnis, sich zu beweisen, verstärkten Einsatz zu zeigen und Auseinandersetzungen zu vermeiden.

Magenprobleme, Kopfschmerzen, Schlafstörungen, Unpünktlichkeit, vergessene Termine sind erste Anzeichen möglicher Überforderung. Reizbarkeit, Schwindel und das Verleugnen der aufgetretenen Probleme sind weitere Kennzeichen für den sich anbahnenden Prozess. »Für das Privatleben, für Partnerschaft, Freunde und andere Interessen habe ich später immer noch Zeit«, vertröstet man sich selbst. Die innere Unzufriedenheit und Unruhe werden übergangen, eigene Grenzen immer wieder überschritten. Typisch ist auch, dass zwischen der persönlich erbrachten Leistung und der eigenen Person kaum noch differenziert werden kann.

Verdrängungsmechanismen

Schule, Ausbildung, Studium und Arbeitsmarkt provozieren zunehmend Verdrängungskämpfe. Das Motiv für die Berufsausbildung oder das Studium ist der Wunsch, nach oben zu kommen, später mal ein gutes, vielleicht sogar ein exzellentes Einkommen zu haben, Porsche zu fahren, anerkannt zu sein. Das Ziel, beruflich erfolgreich zu sein, steht vielfach im Mittelpunkt der Lebensgestaltung. Erfolg ist Belohnung und zugleich Anreiz für die Arbeit. Private Interessen und Bedürfnisse werden hintangestellt. Denn Festeinstellungen für Berufsanfänger gehören der Vergangenheit an, und wer den Arbeitsplatz wechselt, hat in den ersten zwei Jahren zunächst keinen Kündigungsschutz. Die Leute stürzen sich deshalb mit aller Energie in das neue Aufgabenfeld. Sie investieren viele unbezahlte Überstunden und arbeiten zu ungeliebten Arbeitszeiten. Oft genug erfahren besonders junge Menschen von ihren Vorgesetzten wenig Wertschätzung. Vor der Tür warten ungezählte andere, die ihren Job sofort übernehmen würden. Dadurch entwickelt sich das Gefühl, ausgenutzt zu werden.

Protest darf sich aber niemand erlauben, denn zu viele stehen auf der Straße.

Aber auch am »gesicherten« Arbeitsplatz fühlen sich heute viele Arbeitnehmer und Selbstständige wie Einzelkämpfer, die sich ständig selbst zu Bestleistungen antreiben. Konkurrenzdruck, wenig Teamwork und ausbleibende Erfolgserlebnisse sind weitere Marksteine auf dem Weg zum Burnout. Neben Leistungsdruck spielen auch mangelnde Fairness und fehlender Respekt, kaum Veränderungs- und nur sehr geringe Entscheidungsspielräume eine Rolle. Manche Christen sehen sich darüber hinaus noch in einem religiösen Wettkampf.

Geistliche Wettkämpfer

Auf die Frage, wie viele das Rennen machen werden, antwortet Jesus mit einer Verstärkung: »Ringt danach, dass ihr durch die enge Türe hineingeht!« Jesus in der Rolle des Antreibers? Gib Gas! Wer hätte das gedacht? Aber sehen wir uns das Gleichnis genauer an.

Jesus zog weiter auf dem Weg nach Jerusalem. Unterwegs sprach er in Städten und Dörfern. Einmal fragte ihn jemand: »Herr, werden nur wenige gerettet?« Jesus antwortete: »Die Tür zu Gottes neuer Welt ist eng; kämpft darum, dass ihr Einlass findet! Denn viele, sage ich euch, werden sich am Ende darum bemühen, aber es nicht mehr schaffen. Wenn der Hausherr aufsteht und die Tür abschließt, werdet ihr draußen stehen und klopfen und rufen: ›Herr, mach uns auf!‹ Doch er wird euch antworten: ›Ich weiß nicht, wo ihr herkommt!‹

Dann werdet ihr sagen: ›Wir haben doch mit dir zusammen gegessen und getrunken, und du hast auf den Straßen unserer Stadt gelehrt.‹ Aber er wird euch antworten: ›Ich weiß nicht, wo ihr herkommt. Ihr habt es allesamt versäumt, das Rechte zu tun, geht mir aus den Augen!‹ Da werdet ihr dann jammern und mit den Zähnen knirschen, wenn ihr Abraham, Isaak, Jakob und alle Propheten in Gottes neuer Welt seht, doch ihr selbst seid ausgeschlossen. Aus Ost und West, aus Nord und Süd werden die Menschen kommen und in Gottes neuer Welt zu Tisch sitzen. Seid darauf gefasst: Es gibt solche, die jetzt noch zu den Letzten zählen; die werden dann die Ersten sein. Und andere zählen jetzt zu den Ersten, die werden dann die Letzten sein.«

Lukas 13,22-30

»Sobald der Hausherr aufgestanden ist«, erzählt Jesus, »und die Türe verschlossen hat, werden viele draußen stehen. Sie werden an die Türe klopfen und darum bitten, dass ihnen geöffnet wird. Aber er wird sagen: Ich weiß nicht, woher ihr seid!« Das ist hart! Der Bildvergleich Jesu entspringt der religiösen Welt. Er hat beobachtet, wie Menschen um den Himmel konkurrieren. Mit aller Macht wollen sie vorne dabei sein, wollen sie Einlass bekommen. Sie sind überzeugt, dass sie ein Anrecht darauf haben: Wenn nicht ich, wer dann? Bei meiner Vorbildung, bei dem, was ich eingesetzt habe, bei dem, was ich bin und kann! Und überhaupt, es ist doch klar, dass ich mich durch die enge Türe durchquetschen werde. Irrtum – für viele wird es nicht reichen!

Systemfehler

Also noch mehr Kampf? Nun erst recht und dazu mit Gottes Segen? Nein, so wird deutlich: Irgendetwas am vertrauten System stimmt nicht, denn der Einzelkämpfer ist nicht der Erfolgreiche. Vielmehr scheint es so zu sein, dass er nicht anders kann, als auf seine ihm vertraute Weise zu ringen und zu kämpfen. Alle um ihn herum bestätigen ihn scheinbar darin. Jesus allerdings nicht. Denn er fährt fort: »Dann werdet ihr euch beschweren und sagen: Wir haben vor deinen Augen gegessen und getrunken, und auf unseren Straßen hast du gelehrt. Und er wird sagen: Ich sage euch: Ich weiß nicht, woher ihr seid. Weicht von mir, ihr alle, die ihr die Ungerechtigkeit übt!«

Was ist schief gelaufen? Offensichtlich hatten diese Leute hauptsächlich im Sinn, von anderen gesehen zu werden und etwas darzustellen. Darum beschweren sie sich: Vor deinen Augen haben wir gegessen und getrunken! Ihr Ziel fest im Blick, bekamen sie nicht mit, dass darüber ihre Beziehungen auf der Strecke blieben. Besonders ihre Beziehung zu Gott. Es war ihnen genug, von Jesu zu hören: »auf unseren Straßen hast du gelehrt«. Aber auf eine Begegnung mit ihm wollten sie sich nicht einlassen. Augen zu und durch, war ihr Motto. Die Beziehungslosigkeit, in die sie sich damit hineinmanövrierten, hielten sie vermutlich für chic: Geschäfte abwickeln, gefragt und erfolgreich sein und selbst noch in der Sauna per Handy erreichbar. Das kann wie eine Droge wirken. Religiöser Burnout droht, wo die Begegnung mit dem lebendigen Gott ausbleibt, weil die religiöse Sache und Aufgabe ganz im Vordergrund stehen. Ethischer, sozialer Burnout wiederum droht, wo die Mitmenschlichkeit zu kurz kommt.

Dein Herz stolpert, du bekommst Atemnot, Tinnitus, Angstgefühle. Du wirst aggressiv, alles erscheint irgendwie sinnlos, du wirst immer ungeduldiger und intoleranter, besonders gegenüber den Fehlern anderer. Mutlosigkeit und ein Gefühl der Leere sind weitere Anzeichen eines drohenden Burnout. Panikattacken, Traurigkeit oder nicht mehr traurig sein können, Gefühlskälte, Zynismus, Bitterkeit gehören ebenso dazu. Du hast an nichts Freude, dir fehlt der innere Antrieb, etwas anzupacken, fühlst dich immerzu müde oder niedergeschlagen. Das sind Warnsignale, dass du auf dem falschen Weg bist! Es ist Zeit, dieses Gleis zu verlassen! Aber wohin und wie?

Denkpause

- *Welchem der vier Personanteile schenke ich in meinem Alltag besondere Beachtung, und welche kommen zu kurz?*
- *Habe ich sie alle vier zusammen: Geist, Leib, Seele – und Christus in der Mitte?*
- *Übergehe ich meine innere Unzufriedenheit und Unruhe?*
- *Stehe ich in einem beruflichen und/oder religiösen Wettkampf?*

Meinem Empfinden nachspüren

Erfahrungsbedingte Erschöpfung

Für Erschöpfungszustände ist neben unseren Personanteilen und Lebensfeldern auch unser aktueller Erfahrungshorizont ausschlaggebend (Abb. 8). Dieser beinhaltet unser Empfinden (unser Umgang mit Gefühlen), unser Denken (die Art, wie wir die Welt sehen), die Strukturen, in denen wir arbeiten, und unsere Beziehungen (die Art, wie wir Begegnungen gestalten).

Die vier Erfahrungsbereiche:

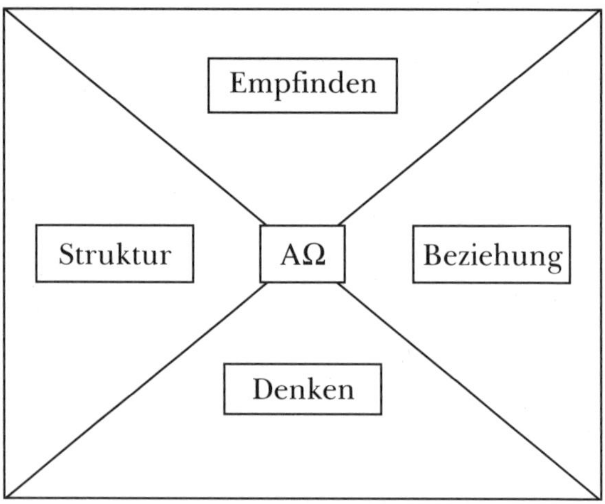

Abb. 8

Auch für diese vier Erfahrungsbereiche gilt: Im Idealfall stehen sie in einem ausgeglichenen, das heißt gleichgewichtigen Verhältnis zueinander, wie es die Grafik darstellt. Im tatsächlichen Leben allerdings sind diese vier Bereiche wiederum nicht so eindeutig voneinander zu trennen. Das wäre überdies auch nicht wünschenswert. Denn je besser wir die Erfahrungen der vier Felder miteinander verknüpfen können, desto wertvoller sind sie für unser Glaubensleben und ebenso für die Gestaltung unserer alltäglichen und beruflichen Herausforderungen.

Arbeit an sich erschöpft nicht. Sie kann im Gegenteil sehr lebendig machen. Das zeigt die Verzweiflung, in die arbeitslose Menschen regelrecht stürzen. Wenn Arbeit auslaugt, dann ist es nicht ihr Maß, sondern ihr Unmaß. Stellt man sich dem Problem, stoßen wir häufig auf Lebensmuster, die dem Burnout den Brennstoff liefern. Die empfundene Überforderung hat dabei in aller Regel nicht ihre alleinige Ursache in der verlangten Arbeitsleistung. Wie die Arbeit auf uns wirkt und in welcher Art wir uns Problemen stellen, hängt sehr eng mit unseren Empfindungen zusammen. Ihnen nachzuspüren ist unerlässlich, um einem Burnout wirkungsvoll vorzubeugen.

Gute und schlechte Gefühle

Unser Empfinden, das gute oder schlechte Gefühl, das wir bei einer anstehenden Entscheidung haben, bestimmt ganz wesentlich, wie unsere Entscheidung ausfällt. Dabei können die Argumente durchaus im Vordergrund stehen, aber das Empfinden gibt meistens den Ausschlag. Sind wir nicht bei unseren Gefühlen, sind wir nicht bei uns selbst. Und sind wir nicht bei uns, werden wir unsicher. Das merken wir beispielsweise in Momenten, in denen wir uns schnell festlegen müssen. Manchmal haben wir mit den so genannten Bauchentscheidungen keine Schwierigkeiten.[13] Ein anderes Mal finden wir uns in vergleichbarer Situation überhaupt nicht zurecht. Suchen wir nach den Ursachen, werden wir oft feststellen müssen, dass uns der Zugang zu unseren eigenen Empfindungen verschüttet ist (Abb. 9).

---

[13] Vgl. Daniel Goleman, Emotionale Intelligenz, dtv, München, 12. Auflage 1999.

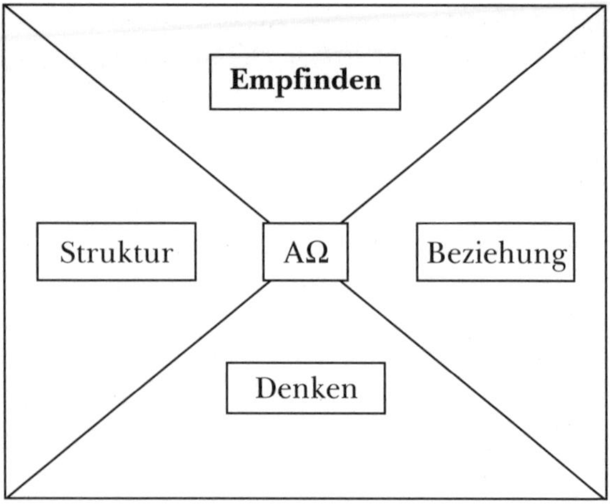

Abb. 9

- Jesus ließ Menschen an seinen Empfindungen teilhaben. Er verbarg seine Emotionen auch dann nicht, wenn sie ihm hätten peinlich sein können oder wenn sie anderen übertrieben oder unangemessen erschienen. So weinte er über Jerusalem, weil ihn das Schicksal der Stadt und seiner Einwohner bekümmerte (Lukas 19,41). Bei der Tempelreinigung (Johannes 2,12ff) ließ Jesus die Tempelbesucher seinen Zorn spüren. Er warf die Tische der Geldwechsler um und trieb Vieh und Menschen mit einer Peitsche (die er sich eigens zu diesem Zweck angefertigt hatte!) aus dem Gotteshaus hinaus.

Dürfen andere an mir sehen, was mich traurig und was mich wütend macht?

- Einen Tag nach der Speisung der 5000 sah sich Jesus veranlasst, die Erwartungen von vielen zurückzuweisen, die zu ihm strömten: »Ihr sucht mich nicht, weil ihr Zeichen gesehen, sondern weil ihr von den Broten gegessen habt und satt geworden seid« (Johannes 6,26). Dann erklärte er ihnen seinen eigentlichen Auftrag und musste erleben, dass sich viele enttäuscht von ihm abwandten. Die Erwartungen der anderen überfordern uns nicht. In der Regel überfordern uns die Erwartungen, die wir an uns selbst stellen!

Was werden die anderen denken? Wo sitzt meine Angst?

- Steht eine Pflanze in einem zu kleinen Topf, können sich ihre Wurzeln nicht ausbreiten. So stagniert ihr Wachstum zunächst und verkümmert schließlich. Mit dem Christsein ist es nicht anders. Ist der Topf, in dem wir stehen, zu eng, weil sich unser Lebensgefühl auf unsere Probleme fixiert, verkümmert der Glaube. Wir verlieren dann das Vertrauen auf Jesus, aber nicht weil er schweigt, sondern weil wir erwarten, Gott möge uns unsere Ängste nehmen. Wir können aber nur dann zu reifen Christen heranwachsen, wenn Gott uns diesen Wunsch gerade nicht erfüllt. Mag sein, dass wir von Gott enttäuscht sind. Dann können wir das bedauern und beklagen. Wir können aber auch einen anderen Weg wählen:

Bin ich bereit, an und in meinen begrenzten Möglichkeiten langsam zu wachsen und so menschlich und geistlich zu reifen?

- Vernachlässigte Empfindungen suchen nach Befriedigung. Nehmen wir unsere Empfindungen nicht wahr, fliehen sie in die Betäubung. Betäubung nimmt Schmerz, denn uneingestandene Gefühle schmerzen unterschwellig. Darum ist die Gefahr einer Flucht zu Suchtmitteln besonders groß. Lass Emotionen zu! Gönn dir Humor und Tiefgang, Freude und Traurigkeit!

Was fühle ich jetzt, in diesem Augenblick?

- Es ist nicht so, dass wir nach reichlicher Beschäftigung mit uns selbst und allerlei Selbstverwirklichung ausgeglichene, glückliche und entspannte Leute sind. Wir können eine Menge für uns tun: ein begeisterndes Hobby haben, uns gesund ernähren, Sport treiben, einen ausgeglichenen Lebensstil pflegen. Und dennoch bleibt Unruhe in unser Seele. Entspannung stellt sich ein, wenn ich ein verändertes Lebensgefühl gewinne: Ich bin nicht allein, Christus ist mit mir!

Was hindert mich, mich darauf einzulassen?

- Liebe kann man nicht denken. Liebe wird empfunden. Man kann ihr nachdenken, aber Liebe lässt sich von unserem Verstand nicht erfassen. Für diese Wahrheit steht im Glauben die »unaussprechliche« Liebe Gottes. Gottes Liebe zu mir muss ich nicht erzeugen – sie ist mir zugesagt! Obgleich wir Gott selbst nicht in uns fassen können, können wir dennoch seine Liebe zu uns spüren. Auch Menschen, die sich nicht als gläubig bezeichnen würden, machen manchmal eine solche Erfahrung.

Wann habe ich etwas von der »unaussprechlichen« Liebe Gottes zu mir gespürt?

- Sind wir uns selber nicht grün, sind wir besonders gefährdet auszubrennen. Weiß ich mich hingegen geliebt, muss ich nicht mehr gegen mich selber kämpfen. Spüre ich Gottes Gnade, kann ich mir Schwachheit erlauben (2. Korinther 12,9f). Als Gegengewicht zu gekränkter Eitelkeit, Hochmut, Selbstüberschätzung und Stolz hält uns der Glaube an Christus zur Demut an. Jesus hat sich uns darin als Vorbild gezeigt: »Nehmet mein Joch auf euch und lernet von mir, denn ich bin sanftmütig und von Herzen demütig; so werdet ihr Ruhe finden für eure Seelen« (Matthäus 11,29). Es war nicht seine Überlegenheit, die Jesus diese Lebenseinstellung ermöglichte und seinen Umgang mit den Menschen prägte. Vielmehr betrachtete er seine menschlichen Niederlagen nicht als Gesichtsverlust, weil es Jesus nicht um seine Person ging, sondern um den Willen seines Vaters.

Kenne ich Gefühle und Gedanken, die es mir schwer machen, mit mir selbst und meinem Leben zufrieden zu sein? Kann ich aufrichtig sein und es aussprechen?

- Wie viele Weichen wurden von uns nicht gestellt aus Angst, in die falsche Richtung zu fahren? Tatsächlich hat Gott für uns ein Ziel, das er mit uns und der Welt erreichen will. Aber er legt uns dazu auf keine Spur fest. Die Spur zu ziehen ist unsere Aufgabe. Den Glauben an Gott gestalten bedeutet, frei zu sein von der ständigen Angst, etwas falsch zu machen.

  Welche Weichen muss ich (neu) stellen, und welchen ersten Schritt tue ich dazu?

- In Gethsemane sehen wir einen erschrockenen, völlig entmutigten und von Angst erfüllten Jesus. Nirgends in den Evangelien erscheint er uns so angefochten und schwach wie hier. Aber auch in dieser Situation spricht er aus, was ihn bewegt: »Meine Seele ist zu Tode bekümmert; bleibt hier (bei mir) und wacht!« (Markus 14,32-42). Mit seiner Kraft am Ende, gibt Jesus nicht vor, stark und souverän zu sein. Er überließ sich seinem Vater und unterstellte ihm seinen eigenen Willen. Wir wollen stark sein, weil wir meinen, stark sein zu müssen und Gottes Wille für unser Leben sei nicht vertrauenswürdig.

  An welchen Stellen will ich mich stark zeigen, obwohl ich schwach bin?

- Anerkennung macht noch nicht glücklich. Erfolg macht noch nicht glücklich. Einfluss haben macht noch nicht glücklich. Im Tiefsten sehnen wir uns danach, angenommen und um unserer selbst willen geachtet zu sein. Es ist natürlich, geliebt werden zu wollen! Diese tiefe Sehnsucht macht uns schwach und verletzlich. Gestehen wir uns dieses Grundbedürfnis jedoch nicht ein, sind wir besonders gefährdet, psychisch auszubrennen. Das ehrliche Gespräch mit Freunden oder dem Partner, in dem wir ungefiltert unser Befinden äußern, ist der beste Schutz, um nicht geistlich, seelisch und körperlich auszutrocknen.

  Wann habe ich mich zuletzt mit meinem Partner oder Freunden über meine Empfindungen und Bedürfnisse ausgetauscht?

- Ein wichtiger Schutz vor Burnout ist die feste Überzeugung, andere Menschen nicht glücklich machen zu müssen. Nachdem Jesus viertausend Menschen zu Essen gab, wollten sie ihn zu ihrem König machen. Jesus verweigerte sich diesem Begehren, weil er das dahinter stehende Motiv ablehnte. Das Volk wünschte sich ein sorgenfreies Leben – dafür war ihnen Jesus gerade recht.

Bleiben meine Bedürfnisse auf der Strecke, weil ich immer nur für andere da bin?

- Gebrauche ich Gott? Die Bibel berichtet, dass Jesus am Kreuz stumm blieb. Er sprach nur noch ganz wenige Sätze, bevor er starb. Das Kreuz, das Jesus erlitt, war das schweigsame Ende seiner Rettungsmission. Er nahm dieses Schweigen, das für ihn ein Schweigen Gottes war, auf sich und erduldete unter großen Schmerzen eine tief erlittene Gottesferne.

Vielleicht steht dir nicht mehr der Sinn nach großen, glaubensvollen Worten. Du bist ganz still geworden. Alle Zuversicht ist beinahe verloschen. Es fehlen dir die Worte, vielleicht sogar die Kraft, zu beten. So krisenhaft kann unser Leben auch mit Gott aussehen. Du bist irgendwohin aufgebrochen, aber was du dir erhofft hattest, hat sich nicht erfüllt. Du siehst deinen Aufbruch in ein schweigendes Ende münden. Vielleicht ist dir gerade jetzt Jesus besonders nah. Der Jesus, der am Kreuz starb. Glaube ist manchmal die Kraft, Gottes Reden nicht erzwingen zu wollen, wenn er schweigt.

Meine Beziehungen pflegen

Einzelkämpfer

Menschliches Glück basiert zumeist auf Personen, die uns etwas bedeuten oder denen wir etwas bedeuten. Mit dem Glauben verhält es sich ähnlich. Gottes Segen basiert auf unserer Beziehung zu Jesus Christus. Angesichts all der Kleinigkeiten, die uns zu schaffen machen, ist er ist der Größere. Einzelkämpfertum bringt keine Vorteile. Früher oder später sind wir immer auf die Unterstützung von anderen angewiesen. Das zu akzeptieren ist kein Zeichen von Schwäche, sondern von Beziehungsfähigkeit. Teamfähigkeit und soziale Kompetenz sind Eigenschaften, die in einer immer komplexer werdenden Welt zunehmend an Bedeutung gewinnen. Wir sind nicht allein unterwegs. Da sind Menschen an unserer Seite. Sie brauchen uns und wir brauchen sie. Von Jesus lässt sich nicht nur eine Menge über gelungenes Sozialverhalten lernen, er will als Bezugsperson in unserem Leben eine wichtige Rolle spielen (Abb. 10).

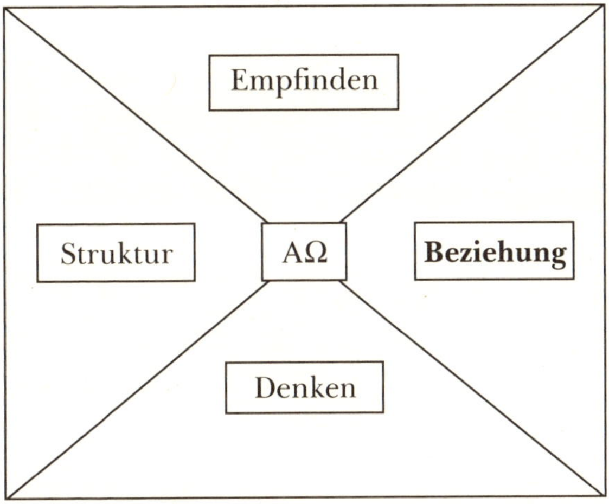

Abb. 10

- Jesus kommunizierte klar und ergebnisorientiert. Er fragte bei den Menschen, die zu ihm kamen, genau nach, was sie von ihm wollten. Er forderte seine Gesprächspartner heraus, ihr Ansinnen, ihre Wünsche und Bedürfnisse eindeutig zu äußern.

  Jesus fragte einen seit dreißig Jahren gelähmten Mann, der ihn um Hilfe bat: Was willst du, dass ich dir tun soll?

- Eigenständige Entscheidungen treffen und übertragene Verantwortung gestalten zu können ist ein entscheidender Faktor, um nicht auszubrennen. Jesus erfüllte längst nicht alle Erwartungen, die Menschen an ihn herantrugen. Er definierte seine Aufgabenbereiche und legte selbst fest, wo er seine Kraft investieren und wie er die ihm zur Verfügung stehende Zeit füllen wollte. Als seine öffentlichen Auftritte enormen Zulauf hatten und viele Menschen von ihm Hilfe erhofften, entschied sich Jesus, trotz ihres Drängen den Ort seines Erfolgs zu verlassen (Lukas 4,42f). Ständig auf die anderen und ihre Erwartungen ausgerichtet zu sein bedeutet, die Leitung an sie abzugeben.

  »Alle warten auf dich!« Wo muss ich Nein sagen?

- In Stresszeiten häufen sich oftmals unfruchtbare Diskussionen mit unterschiedlichen Personen zu verschiedensten Themen. Wenn wir Streitgespräche nur um der Diskussion willen führen, verausgaben wir damit unnötig Kraftreserven. Wo es unter Gesprächspartnern keinen ernsthaften Willen zur Einigung gibt, sondern beispielsweise nur darum geht, die Reaktion des Gegenübers zu testen, verschlingt das viel Kraft. Wollen wir unnötige Erschöpfung verhindern, müssen wir solche Spiele vermeiden.

  Die religiösen Führer der damaligen Zeit fühlten sich durch Jesu Wirken provoziert. Sie missgönnten ihm den Zulauf der Menschen und stellten seine Beauftragung durch Gott infrage. Als sie ihn wieder einmal einer Testfrage unterzogen, die in einer unfruchtbaren Diskussion geendet hätte, entzog sich Jesus diesem Disput und ließ sie mit den Worten stehen: »Verkehrte Leute fordern einen Beweis, und der wird ihnen von mir nicht gegeben werden« (Markus 8,11-13).

Worauf will ich mich nicht (mehr) einlassen?

- Mutig und unerschrocken zu sein ist eine Tugend, die wir in unseren Gemeinden wieder neu kultivieren müssen. Dazu gehört die Bereitschaft, Konflikte einzugehen. Wir dürfen Ängstlichkeit nicht als Geduld interpretieren. Denn vermeiden wir wiederholt schwierige Begegnungen, führt das immer tiefer in genau die Probleme hinein, denen wir auszuweichen versuchen. Wo wir notwendigen Konflikten ausweichen statt sie konkret zu benennen, kostet das auf Dauer viel mehr Kraft, als es eine tatsächliche Klärung erfordern würde.

Wovor habe ich Angst? Was könnte bei der Auseinandersetzung schlimmstenfalls geschehen?

- Gute Teamarbeit verträgt untereinander keine Rivalitäten und kein Mobbing. Beides verschleißt massiv Kraftreserven und hindert jede erfolgreiche Arbeit. Jesus ging Probleme entschlossen und lösungswillig an und ließ dadurch keinen unfruchtbaren Stress aufkommen.

  Auf einer gemeinsamen Wanderung entstand unter den Jüngern Jesu ein Streit darum, wer der Größte unter ihnen sei (Markus 9,33ff). Jesus bekam das mit und zögerte keinen Augenblick. Am selben Tag, als die Situation in allen Beteiligten noch ganz lebendig war, sprach er sie gemeinsam darauf an. Jesus thematisierte den Streit, ohne Einzelne zu beschuldigen oder besonders hervorzuheben. Er betonte seine Leitungsrolle, die in diesem Fall darin bestand, jeglicher Profilierung auf Kosten anderer das Wasser abzugraben.

Läuft mir ein ungelöster Konflikt nach?

- Oft reizt uns am anderen, was wir an uns selber nicht mögen oder schmerzlich vermissen. Egal was uns am anderen ärgert, es hat auch etwas mit unserem eigenen Charakter und unseren Überzeugungen zu tun. Deshalb kommen wir nicht sehr viel weiter, wenn wir uns nur gegenüber anderen abgrenzen oder sie sogar verurteilen.

Welchen Menschen will ich gerne verändern? Will ich davon ablassen?

- Wenn Kinder sehen, was Spielkameraden an Spielzeug in Händen halten, vergessen sie oft, was ihnen selber gehört und zur Verfügung steht. Bei Erwachsenen ist das durchaus ähnlich. Auf die Gaben und Fähigkeiten anderer zu schielen bringt uns keinen Schritt voran. Der Glaube hat nichts mit einem Wettstreit zu tun. Es geht vielmehr darum, dass wir unser eigenes, von Gott geschenktes Leben gestalten.

Muss ich aufhören, mich zu vergleichen?

- Um mit dem in Berührung zu kommen, was wir tief in uns empfinden, ist das Gespräch mit einem aufmerksamen Gesprächspartner sehr hilfreich. Sprich über deine Probleme. Andere haben dieselben Sorgen! Wir brauchen die Hilfe anderer, wir brauchen aber auch korrigierenden Widerspruch.

Habe ich einen Kreis von Leuten, die mich ermutigen und korrigieren?

Mein Denken ordnen

Alles in unserer modernen industriellen Kultur wird nach Leistung und Fehlleistung, Gewinn und Verlust, Erfolg und Misserfolg beurteilt. Diese Grundeinstellung reduziert uns auf die Summe unserer Taten, in denen wir uns erfahren und entfalten. All das ist das Gegenteil von Gelassenheit und bester Nährboden für Selbstüberforderung. Wo muss ich umdenken (Abb. 11), damit ich nicht unter die Räder komme?

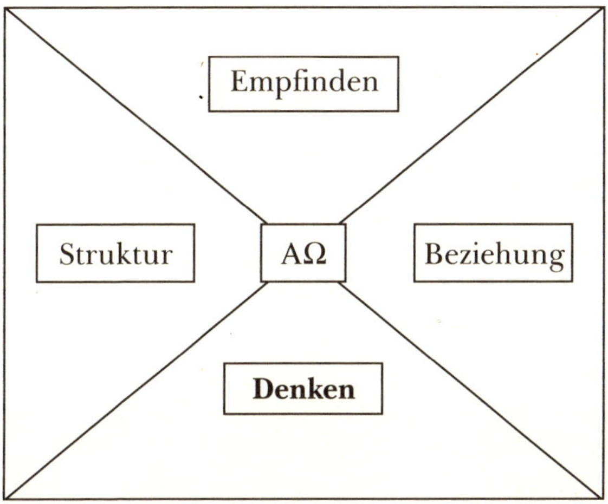

Abb. 11

- Jesus warnte seine Jünger eindringlich vor herrschsüchtigem Verhalten (Matthäus 20,25-28), und in den Briefen des Neuen Testaments wird das Thema aufgegriffen, weil Leiter versucht sind, sich die Last ihrer Berufung durch Machtgehabe zu erleichtern (1. Petrus 5,1-4). Neben diesen Warnungen hat die Bibel jedoch insgesamt ein positives Verhältnis zu Leitungsaufgaben im Volk Gottes (1. Thessalonicher 5,12; 1. Timotheus 5,17).

Was macht (meine) Macht mit mir?

- Die Versuchung, vor Menschen eine Rolle zu spielen, ist sehr groß. Weil kaum jemand genauer hinschaut oder nachfragt, gibt es auch unter den Dienern Jesu viele einsame Butler. Sie wohnen mit unter dem Dach der Gemeinde-Herrschaften, sie erfüllen treu ihren Dienst, aber ihr Fehlen wird erst registriert, wenn sie mit ihrer Tätigkeit ausfallen oder aus der Reihe tanzen.

Alle sind zufrieden, so lange du unauffällig bleibst und funktionierst!

- Richtig ist, dass wir mit Gott alles erreichen können, aber unwahr ist, dass er möchte, dass wir mit ihm alles erreichen, was wir uns erträumen.

Wer bin ich ohne das, was ich an Erfolg vorzuweisen habe?

- Jeder von uns hat schon die Erfahrung gemacht: Wir können der Wirklichkeit auch dann standhalten, wenn die Dinge anders laufen als erhofft. Das Denken kommt dabei unserem Empfinden hilfreich entgegen. Es verhindert, dass wir uns in positiven Emotionen versteigen oder in negativen Gefühlen ertrinken.

Gibt es Alltägliches, das ich mehr schätzen sollte?

- Ein Kind muss enttäuschende Erfahrungen durchstehen, um eigenständig zu werden und sich in dieser Welt zurechtzufinden. Lernt es nicht mit dieser Realität umzugehen, verwöhnen Eltern etwa ihr Kind über die Maßen, dann wird es scheitern an den Mitmenschen und vielen unlösbaren Problemen, die uns das Leben beschert. Entsprechendes gilt für den Glauben. Er ist keine Fluchtburg in eine heile Welt!

Zum Nachdenken: Nicht die Kenntnis des Weges macht unseren Glauben aus, sondern die Gewissheit, dass Christus dabei ist.

- Christ sein, Mensch bleiben: Manchmal erleben wir das als Widerspruch. Der Glaube an Jesus Christus und die Liebe zu seinem Vater scheinen die freie Gestaltung des eigenen Lebens einzuengen. Christsein verbinden wir häufig mit Pflichterfüllung und Vorschriften. Gott lieben klingt wie das Gegenteil von Lebensfreude und entspanntem Leben. Jesus Christus begegnen wir, wenn wir ihm und uns selber nicht länger ausweichen. Dann wird unser Glaube echt und unser Leben menschlich, weil beides unmittelbar zusammenhängt.

Fällt in meinem Leben etwas auseinander, was zusammengehört?

- In Beruf und Gemeinde, im Bemühen um einen christlichen Lebensstil plagen wir uns vielfach mit ungesunden Selbstansprüchen herum. Es ist unser eigenes Gesetz von »Ich will der/die Beste sein«, dem wir uns unterworfen haben, bevor es zum Burnout kommt. Paulus schreibt in einem seiner Briefe: »Ich will nichts mehr wissen außer Christus den Gekreuzigten«. In diesem heutzutage wenig populären Hinweis auf Selbstbeschränkung steckt ein bewährter Schutz vor Burnout.

Muss ich der/die Beste sein?

- Die uns anvertraute Macht zu leugnen macht den Umgang mit ihr problematisch. Bleiben wir mit unseren Entscheidungen und Aufgaben allein, sind wir gezwungen, aus eigener Kraft zu tun, wobei uns andere eigentlich gut helfen könnten.

Was macht mir Angst: Macht aus der Hand zu geben oder Hilfe anzunehmen?

- Es braucht Mut, als Christ Mensch zu bleiben. Mensch zu sein, der sich seines Lebens freut. Mensch zu sein, der das Glück schätzt, der sich verändern und reifen kann. Wir brauchen den Mut, aus religiösen Vorschriften auszubrechen, die das Leben hindern, statt es zu fördern. Wir brauchen die Kraft, Zwänge hinter uns zu lassen, die Menschengebot und nicht Gottes Wille sind. Wir brauchen den Mut, uns beschenken zu lassen von den Überraschungen des Augenblicks und dem Geheimnis unbekannter Zukunft. Wir brauchen den Mut, Ziele zu haben, und die Ausdauer, unbeirrt für unsere Überzeugungen einzustehen.

Habe ich den Mut, schwach zu sein, oder glaube ich, das Stärke und Unverwundbarkeit die höchsten Tugenden des Christseins sind?

- Wenn sich Dinge zuspitzen und wir die Probleme nicht unmittelbar in den Griff bekommen, hilft es zurückzuschauen. So gut, wie es Gott mit mir gemacht hat, so gut wird er es künftig machen. »Jeder Tag hat genug an seiner eigenen Sorge«, verkündet Jesus in der Bergpredigt.

Was weiß ich tatsächlich von dem, was kommen wird? Und wenn ich es nicht kenne: Wie will ich mich selbst darauf vorbereiten oder davor schützen?

Mir selbst Strukturen geben

Jedes Bauwerk benötigt zu seiner Standfestigkeit ein solides Fundament. Wenngleich man es meist nicht sieht, bildet es die Grundlage für alles, was darauf errichtet wird. Unser Alltag steht fest, wenn er auf soliden Strukturen aufgebaut ist. Gesunde Strukturen (Abb. 12) drängen sich nicht in den Vordergrund des Geschehens, aber sie sind das Fundament für all die Dinge, die im persönlichen Leben wichtig sind. Von noch viel größerer Bedeutung sind sie da, wo viele Menschen zusammenkommen. Soll nicht Chaos oder Zufall ihr Miteinander bestimmen, sind Regeln und gemeinsame Werte unverzichtbar.

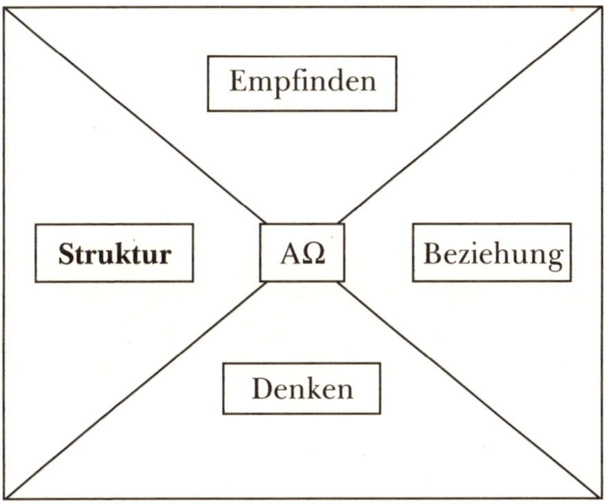

Abb. 12

- Ich kann es mir erlauben, einmal zu rasten, bevor ich weiterziehe. Plane Pausen ein und halte sie ein. Vermeide Übermüdung. Ich muss auch nicht immer erreichbar sein – Handy aus!

Wann lege ich am heutigen Arbeitstag Pausen ein und wann soll er enden?

- Auch wer weitab von irgendwelchem Wald wohnt, muss darum nicht auf körperlichen Ausgleich verzichten. In allen Städten gibt es Fitnesscenter, die mit ihren Steppern unendliche Bergwanderungen ermöglichen. Aber aufgepasst: Stress hat seine Ursache nicht allein in einem anstrengenden Beruf oder überfordernden Aufgaben, sondern kann auch durch unmäßiges Körpertraining ausgelöst werden.

Wie und wo entspanne ich?

- Wer Arbeitsabläufe umgestaltet und seine Zeit besser einteilt, verbessert sicherlich kurzfristig seine Situation – muss aber irgendwann dann doch einsehen, dass sich diese Strategie nicht beliebig wiederholen lässt und dauerhaft nicht allzu erfolgreich ist. Auch der Rat, für ein halbes Jahr eine Auszeit zu wählen, mag ein ganz guter Einfall sein. Aber es verändert nicht die Langzeitperspektive. Denn unser Leben durchläuft ständig Phasen und wir können wir nicht jedes Mal aus unserem Leben aussteigen, es anhalten, woanders weitermachen.

Kann ich meine privaten Lebensbereiche gegen die beruflichen abgrenzen, um mich, meinen Partner oder meine Familie zu schützen?

- Was wir wollen, was wir nicht möchten und wofür wir leben, entscheiden wir selbst. Burnout ist letztlich Resultat der mangelnden Fähigkeit, Entscheidungen zu treffen. In der Konsequenz bedeutet das, Aufgaben an andere zu delegieren, anstatt alles allein zu machen. Das wiederum verlangt unser inneres Einverständnis, auch solche Entscheidungen zu akzeptieren und zu unterstützen, die wir selbst anders getroffen hätten.

Ertrage ich es, dass (wichtige) Entscheidungen ohne mich oder gegen meine Überzeugung gefällt werden?

- Wenn wir Zeit haben wollen, müssen wir sie uns nehmen. Soll uns die Luft nicht ausgehen, müssen wir uns erklären. Einen anderen Weg gibt es nicht.

Was ist nur dringlich und was ist wirklich wichtig, was ist wesentlich und was unwesentlich?

- Wer Entscheidungen trifft, macht sich angreifbar. Sich festzulegen bedeutet nämlich, eine andere denkbare Option abzulehnen. Deshalb ist es wichtig, getroffene Entscheidungen zu akzeptieren und nicht beliebig infrage zu stellen. Den Entschluss eines Leitungsorgans umzuwerfen, etwa weil sich einzelne laute Stimmen dagegen erheben, führt alle Beteiligten in die Orientierungslosigkeit. Auf diese Weise werden die berufenen Entscheidungsträger in ihrer Aufgabe rasch ermüden. Klare, durchschaubare Entscheidungsebenen sind unumgänglich.

Ist uns Einstimmigkeit das höchste Gut und sind uns Gegenstimmen die größte Sorge, wird sich bald nichts mehr bewegen.

- Wenn uns beispielsweise aufgetragen ist, ein Projekt zu planen, dann ist es unerlässlich, diese überschaubare Aufgaben auch mit einer Zeitvorgabe zu versehen. Wer meint, auf diese grundlegenden Strukturen verzichten zu können, erreicht nur, dass andere Leute um ihn herum dies für ihn tun. Zu spät merken wir dann, dass wir den Prozess nicht mehr selbst führen, sondern geleitet werden.

Eine Leitungsaufgabe anzunehmen, ohne sie auszuüben, ruft unweigerlich den Ärger der Mitarbeiter hervor.

- Am Ende eines langen Arbeitstages kommen ehrenamtliche Mitarbeiter zusammen, um sich bestimmten Gemeindebelangen zu widmen. Manche kommen unmittelbar von der Arbeit, andere haben sich aus einer lieben Beschäftigung losgerissen, wieder andere fühlen sich zum Umfallen müde. Was sie nun überhaupt nicht schätzen, sind schlecht vorbereitete Sitzungen und Teamtreffs. Desorganisation erschöpft genauso nachhaltig wie Überforderung.

Gute Vorbereitung ist ein Liebesdienst am Mitarbeiter.

- Gegenseitiges Verstehen ist eine Grundvoraussetzung, um gegenteilige Auffassungen zu einem Konsens zu führen. Sind wir gestresst oder fühlen wir uns angegriffen, versuchen wir jedoch oftmals, die vorhandenen Schwierigkeiten und Konflikte im Sturm zu überwinden. Dadurch fühlen sich andere unter Druck gesetzt und sie haben das Empfinden, ihr Anliegen solle unter den Teppich gekehrt werden. Gerade in angespannter Atmosphäre ist es aber besser, zuzuhören und sich in der Gruppe um eine Bestandsaufnahme auf der sachlichen und emotionalen Ebene zu mühen.

Jeder Konflikt birgt die Aufforderung in sich, miteinander zu sprechen, um eine gemeinsame Lösung zu suchen. Den Konflikt zu verschärfen führt dazu, dass er unlösbar wird.

- Von Jesus können wir lernen, dass ständiges Arbeiten kein christliches Ideal ist. Anstrengung und Entspannung, sich investieren und sich zurückziehen gehören in unserem Leben zusammen wie Ebbe und Flut. Es ist wie das anlaufende Meer. Die Wellen, die ans Ufer schlagen, laufen aus, ziehen sich dann wieder zurück, um erneut an Land zu spülen. Diesen natürlichen Rhythmus von Geben und Nehmen, Bewegen und Ruhen, Ausströmen und Einkehren lehrte Jesus seine Jünger.

Wer möchte, kann den Rat Jesu ganz praktisch ausprobieren. Dazu begeben wir uns auf eine kleine Vorstellungsreise. Lege dich auf einer Decke auf den Boden, nicht aufs Bett, weil man da gerne einschläft. Schließe deine Augen und stelle dir vor, wie du durch einen Wald mit Kieferbestand langsam zum Meeresufer gehst. Du riechst dabei das frische Harz, hörst das Sirren und Summen der Insekten. Einige Amseln zwit-

schern in den Zweigen. Angenehm wärmt dich die Sonne eines wunderschönen Sommernachmittags. Du ziehst dir die Schuhe aus und spürst das Moos des Waldes unter deinen Füßen und warmen Sand zwischen deinen Zehen. Schon hörst du das Rauschen der anbrandenden See. Die Sonne blinzelt durch die Kiefernkronen und das Rauschen um dich herum nimmt zu.

Schließlich stehst du vor dem Wasser. An einem Steg ist ein Ruderboot angebunden. Vorsichtig steigst du hinein. Du streckst dich auf dem Boden des Bootes lang aus und entspannst. Achte darauf, wie das Wasser leise an die Planken schlägt! Leise wiegt es dich hin und her. Du bist ganz entspannt. Es riecht nach Meerwasser. Es ist ein wunderbarer Tag.

Nach einer Zeit richtest du dich wieder auf, steigst langsam aus dem Boot und kehrst schlendernd in den Wald zurück, aus dem du gekommen bist. Mit diesem Eindruck beendest du deine Vorstellungsreise. Die Gegenwart hat dich wieder. Durch diese Entspannung hast du praktisch werden lassen, was Jesus sagt: »Gehet hinaus an einen stillen Platz und ruhet ein wenig.« Jetzt bist du aufnahmebereit, um mit Jesus zu sprechen und, wenn du willst, in der Bibel zu lesen. Vielleicht ist dir aber auch mehr nach singen zumute, oder du fühlst dich gestärkt, anstehende Aufgaben frisch in Angriff zu nehmen.

Teil 3:

Rebe am Weinstock

Dienen aus Leidenschaft

Zu wenig Nähe

Vor allem in Städten lockern sich die zwischenmenschlichen Beziehungen immer mehr. In dem Häuserblock, in dem unsere Familie wohnt, haben wir einen losen, vereinzelt auch näheren Kontakt. Die Menschen aus dem mehrstöckigen Wohnhaus gegenüber kenne ich noch bestenfalls vom Sehen oder aus zufälligen Begegnungen. Die Menschen zwei Häuserreihen weiter sind mir schon unbekannt. Das Stadtleben fördert die Anonymität. Alltäglich müssen eine Fülle äußerer Einflüsse bewältigt werden. Da ist es nicht verwunderlich, dass wir irgendwann dicht machen. Das Übermaß an Informationen bewirkt Rückzug.

Was bedeutet »Dienen aus Leidenschaft« in einer Zeit menschlicher Entfremdung?

Zu viel Vielfalt

Die überfordernde Informationsflut verbindet sich mit ungezählten Wahlmöglichkeiten. Ständig müssen wir uns entscheiden. Das ist der Grund, weshalb ich nicht gerne zum Bäcker gehe. Bitte ich dort um ein Brötchen, geht es schon los: »Welches hätten Sie denn gern? Das Vollkorn, Vollkornsesam, Sesam pur, mit oder ohne Sonnenblumenkerne? Oder darf es ein Ökobrötchen sein, vielleicht eins Typ vital, vital extra oder vital spezial? Neu im Angebot sind die Wellness-Semmel, die werden sehr gern genommen, oder für Sie ein Anti-aging-Brötchen?« Man kann sich dem Alterungsprozess ja nicht früh genug entgegenstemmen ...

Computerspiele, las ich in einer Fachzeitschrift, sind nicht nur wegen ihres hohen Unterhaltungswertes bei Jugendlichen beliebt. Man kann vor allem ungefährdet in die virtuelle Welt eintauchen.

Die Welt der Spielstation ist zwar groß, aber dennoch begrenzt und vor allem klar strukturiert. Fühlen sich Menschen von der Wirklichkeit überfordert, brauchen sie Unterstützung durch andere. Doch wer hat dafür noch Kapazitäten frei? Ertrinkende können einander nicht retten.

Was bedeutet »Dienen aus Leidenschaft« angesichts eigener begrenzter Freiräume?

Zu wenig Grenzen

Man kann sich in der Gemeinde ebenso überfordert fühlen wie am Arbeitsplatz, in der Schule oder beim Einkaufsbummel. Die Problematik verschärft sich noch, wenn wir die Grenzen gegenüber den Menschen, die an uns schuldig wurden, nicht wahren können. Konfliktbewältigung ist in unseren Gemeinden ein Dauerthema. Gewinnen die Personen, die uns am wenigsten gut tun, Macht über uns, durchsäuert das unsere Seele.

Was bedeutet »Dienen aus Leidenschaft« gegenüber denen, die uns Lasten aufladen und an uns schuldig wurden?

Zu viel Erfolgsdruck

Die Sorge um den Arbeitsplatz ist heute allgegenwärtig. Leistung kann in unserer Zeit keinen Job mehr wirklich sichern. Längst sitzen auch Menschen in führenden Positionen nicht mehr fest im Sattel. Doch ständig werden wir angehalten, besser als andere zu sein, jünger auszusehen und dynamischer zu erscheinen. Wir leben zunehmend in einer Kultur, die uns zwingt, die Maske des Erfolgreichen zu tragen. Sich gut zu verkaufen scheint oberstes Gebot zu sein. Ausgeliefert an eine Leistungsgesellschaft, die systembedingt immer mehr fordert, als wir (früher oder später) zu geben vermögen, brennen zunehmend viele Männer und Frauen aus.

Was bedeutet »Dienen aus Leidenschaft« angesichts persönlicher Überforderung?

Zu wenig Zeit

Das schwerwiegendste Problem für ein Dienen aus Leidenschaft bereitet uns vielleicht die zur Verfügung stehende Zeit. Zeit ist begrenzt, niemand hat unendlich viel davon. Aber niemandem stehen auch mehr oder weniger als 24 Stunden pro Tag zur Verfügung. Subjektiv ist es so: Selten haben wir ausreichend Zeit und oft treibt sie uns. Aber manchmal haben wir auch zu viel davon und dann wieder zu wenig. Das eine nennt man Langeweile und das andere Hektik. Sehr häufig schwankt unsere Zeiteinteilung zwischen diesen Extremen. Geben wir darum der Zeit einen Ehrenplatz!

Was bedeutet »Dienen aus Leidenschaft«, wenn uns die Zeit nie zu reichen scheint?

Zu viel Ballast

Jesus heilte Menschen an Leib und Seele, befreite sie aus Bindungen aller Art und führte sie zur Freiheit der Kinder Gottes. Engagierte Christen spüren jedoch oftmals die Angst, durch die persönliche Lebenshingabe an Christus zusätzlich belastet zu werden. Was treibt dazu an, den Glauben an den gnädigen Gott in Unbarmherzigkeit gegen sich selbst zu verkehren? Was haben wir am Christsein falsch verstanden, wenn uns der Glaube nicht Flügel verleiht, sondern schwer wie Blei an den Füßen hängt?

Was bedeutet »Dienen aus Leidenschaft« im Unterschied zu frommer Pflichterfüllung?

Das Fundament ist gelegt

Beginnen wir bei unserer letzten Frage: *Was bedeutet »Dienen aus Leidenschaft« im Unterschied zu frommer Pflichterfüllung?*

Es gibt viele Dinge, Mächte und Ideologien, die eine außerordentliche Anziehung und Faszination auf uns ausüben. So sehr, dass sie für unser Denken und Handeln lebensbestimmend werden können. Die Freiheit des Christseins besteht darin, gegenüber diesen innerweltlichen Kräften einen kritischen Abstand zu gewinnen. Das ist am Leben Jesu deutlich ablesbar. Im Garten Gethsemane formuliert er seinen Willen, der Kelch des Sterbens möge bitte an ihm vorübergehen. Hier zeigt sich, dass christliche Freiheit nicht mit religiöser Pflichterfüllung gleichzusetzen ist. Sie führt vielmehr in die Freiheit gegenüber der Autorität des eigenen Ich! In der Deutung seines Todes betont Jesus entsprechend: »Niemand nimmt es (mein Leben) von mir, sondern ich gebe es von mir aus hin. Ich habe Macht, es hinzugeben, und habe Macht, es wieder zu nehmen. Diesen Auftrag habe ich von meinem Vater empfangen« (Johannes 10,18). Mit diesem Selbstbewusstsein unterstellt Jesus seinen Willen dem seines Vaters. Seine Selbstverpflichtung auf den Willen des himmlischen Vaters ist die Grundlage für seinen kritischen Umgang mit allen anderen Autoritäten. Die verändernde Kraft des Heiligen Geistes ermöglicht leidenschaftlichen Dienst.

Leidenschaft verbinden wir zumeist mit starken Emotionen. Manche mögen sich deshalb fragen, was Dienen und Leidenschaft miteinander zu tun haben. Nun, das Wortpaar *Dienen* und *Leiden* hat sehr viel miteinander zu tun. Wer anderen dient, wird dabei für sich selbst Entbehrungen in Kauf nehmen. Das ist beispielsweise die triviale Erkenntnis jeder Altenpflegerin. Ebenso wenig muss man Eltern erklären, dass die Liebe zu ihren Kindern schmerzvolle Erfahrungen mit sich bringt. Nicht zuletzt wird das an Jesus erkennbar, der unter seinem Dienst an den Jüngern litt. Seufzend ruft er aus: »O du ungläubiges und verkehrtes Geschlecht, wie lange muss ich bei euch sein? Wie lange soll ich euch ertragen?« (Matthäus 17,17). Wer liebt, der leidet!

Ich betrachte Leidenschaft daher nicht erstrangig unter dem Aspekt mitreißender Gefühle, sondern unter dem Aspekt persönlichen Einsatzes. Wer sich für Menschen einsetzt, der setzt sich ihnen aus. Dienen wir Gott, rückt auch er entsprechend nah an uns heran. Dem Geheimnis Gottes kommen wir also nicht durch eigenes Tun näher, sondern durch Gehorsam gegenüber Gottes

Wort und Willen. Jesus war neben seiner Geistbegabung und allem anderen nicht auch noch gehorsam, sondern sein Gehorsam machte sein Wesen und die von ihm erwirkte Erlösung aus (Philipper 2; Hebräer 5,8).

Den Teamgeist fördern

Was bedeutet »Dienen aus Leidenschaft« in einer Zeit menschlicher Entfremdung?

Manchmal wird mir die Leidenschaft des Dienstes zum Leid an mein eigenes Wesen. Dann sehe ich, wie andere in ihrer Leitungsaufgabe Probleme mit anderen bekommen, und es ist mir gleichgültig. Das ist schlimm. Böse ist es, dies mit Schadenfreude zu tun. Hier sehe ich eine Gefährdung für manche Teams. Wenn wir mit Leitern unsere Probleme haben und von ihrem Tun selbst nicht überzeugt sind, verfehlen wir uns ihnen gegenüber ganz schnell in unseren Gedanken. Das Alte Testament erzählt uns diesbezüglich von Gottes Ärger, als Aaron und Miriam sich gegen Mose auflehnten, weil sie auf seinen Erfolg neidisch waren.

Das Gegenteil, vom dem ich hier spreche, ist keineswegs besser. Dann lassen wir schadenfrohen Gefühlen ihren Lauf. Ich bin überzeugt, dass Jesus darüber ebenso zornig ist wie über die Missgunst. Denn die Triebfedern beider Emotionen sind Neid, Rivalität, Machthunger und Streit. Schadenfreude zerstört die Gemeinde. Getrübte Emotionen, Zynismus und Bitterkeit lassen alles in einem düsteren Licht erscheinen. Entsprechend fällt unser Urteil über die Gemeinde und Mitarbeiter aus. Die eigene Motivation nimmt währenddessen rapide ab, der innere Widerstand gegen die Abhängigkeit von Gott nimmt zu. Entfremdung gegenüber unseren Geschwistern führt zur Entfremdung gegenüber unserem Herrn.

Die Türen schließen

Was bedeutet »Dienen aus Leidenschaft« angesichts der eigenen begrenzten Freiräume?

Wenn in unserer Wohnung Türen knallen, dann rufe ich manchmal lauthals: »Türen zu!« Stehen unsere Türen im Dienst für die Gemeinde immer für jeden und alles offen, dann stehen wir sehr bald im Durchzug. Wir werden fahrig und unkonzentriert bei dem, was wir tun. Nichts wird richtig zu Ende gebracht, aber ständig etwas Neues angefangen. Dieser Durchzug verwirbelt das ganze Leben. Lief ich früher wild im Elternhaus umher, um zu finden, was ich verlegt hatte, fragte ich irgendwann meine Mutter danach. Sie wusste in aller Regel, wo meine Sachen lagen, aber nicht immer verriet sie es mir. Wenn ich wissen wollte, wo meine Sachen sind, bekam ich oft die Antwort: »Da, wo du sie hast liegen lassen« oder »Da, wo du sie zuletzt benutzt hast.«

Wirklich bei der Sache zu sein spart viel Kraft und nicht nur die Zeit des Suchens. Ursache für den vielen »Durchzug«, den wir bei unseren Aufgaben erleben, ist nicht die Gemeinde, die begehrlich in den letzten Winkel unseres Privatlebens eindringt. Dieser oft gehörte Vorwurf spiegelt meist nicht die Tatsachen wider. Es ist vielmehr so, dass wir zu selten die Türen hinter uns wieder schließen, nachdem Menschen, Aufgaben und Verantwortlichkeiten durch sie hindurchgegangen sind.

Dem Prozess vertrauen

Was bedeutet »Dienen aus Leidenschaft« gegenüber denen, die uns Lasten aufladen und an uns schuldig werden?

Manchmal gehe ich mit meiner Familie in ein Spaßbad. Besonders gut gefällt mir da das in runder Form gebaute Strömungsbecken. Schwimme ich mit dem Strom, komme ich sehr gut voran, und es macht unglaublich viel Freude, mich entlang des Beckenrands treiben zu lassen. Runde um Runde kann ich so drehen, und es geht mir herrlich dabei. Doch wie schwer ist es, gegen diese Strömung zur Ausstiegsleiter zu schwimmen! Nach wenigen Metern treibt mich die Wasserflut ab. Will ich an mein Ziel gelangen, muss ich mich auf den Fluss einlassen, Kurs halten und dann, wenn mich die im Kreis drehende Strömung wieder an der Ausstiegsleiter vorbei trägt, an ihr festhalten und aussteigen.

Dienende Leiterschaft besteht nicht darin, heroisch gegen alles und jedes anzugehen – Hauptsache es macht Mühe, ist anstrengend und tut weh. Dienen aus Leidenschaft bedeutet, sich dem Prozess, den Jesus in seiner Gemeinde in Gang setzt, anzuvertrauen. Als das Volk Israel vor dem Meer stand, mitten in der Wüste und seine Feinde im Nacken, sagte ihnen Mose das entscheidende Wort: »Der Herr wird für euch streiten und ihr werdet stille sein« (2. Mose 14,14). Jede Gemeinde befindet sich im Prozess und ebenso die eigene Mitarbeit. Wir sind nicht allein! Christus ist das Haupt seiner Gemeinde. Ich will ihm klug und engagiert dienen, aber ich will mich nicht verausgaben und mich auch nicht dumm verhalten. Das Meer zu teilen steht definitiv nicht in meiner Macht! Ich möchte jeder Zeit ihre Zeit lassen, denn wirklich alles hat seine Zeit. Leben wir mit und in den Geschehnissen des Augenblicks, jagen sie uns nicht mehr vor sich her. Seien wir mutig, aber seien wir auch klug und bewahren wir die Ruhe!

Lasten abgeben

In Gemeindeseminaren, bei Pastoren- und in Mitarbeitertreffen werden immer wieder tief gehende Verletzungen thematisiert, die durch die Mitarbeit in der Gemeinde entstanden sind. Wie im Jakobusbrief gibt es offensichtlich auch unter uns ein Kratzen und Beißen (Jakobus 4,1ff). Nicht wenige Gemeinden leiden darunter. Wie können wir dem Problem beikommen? Ein Weg sind sicher Aussprachen, die Bereitschaft, Schuld zu benennen, zu bekennen, zu vergeben und einen Neuanfang zu wagen. Wichtig scheint mir auch, dass man Konflikte frühzeitig angeht, damit nicht jede Berührung des Problems zu neuen Spannungen führt. Entscheidend bleibt meines Erachtens jedoch, dass unser Seelenfrieden in Christus verankert ist. Haben wir unser Fundament in ihm gefunden, verlieren die Streitigkeiten ihre erdrückende Macht über uns. Wir müssen uns nicht bemühen, die Schuld der Gemeinde zu tragen und sie uns auf die Schultern zu packen. Denn ihre Last wie ihre Schuld vermag allein ihr Herr, unser Herr, zu tragen!

Optimistisch bleiben

Was bedeutet »Dienen aus Leidenschaft«, wenn die persönlichen Bedürfnisse darüber zu kurz kommen?

Die Freude am Dienst verlieren wir oft auch dann, wenn wir mit dem Gegebenen unzufrieden sind. Wenn dann noch von uns gefordert wird, »bessere Arbeit« zu leisten, oder wir sogar persönlich attackiert werden, geht es uns ganz schlecht. In solchen Phasen muss ich mich sehr zusammenreißen, um mir das positive Denken zu bewahren. Ich will mich nicht in den Strudel negativer Gefühle saugen lassen, aber ich weiß, dass mir der Missmut anderer Leute sehr viel Energie entzieht. Deshalb sage ich es mir immer wieder vor: Ich bin nicht verantwortlich für die Unzufriedenheit anderer! Wenn sie unglücklich sein wollen und in allem zuerst das Negative sehen – bitte! Aber ich will mich nicht in der permanenten Auseinandersetzung mit ihrer Unzufriedenheit erschöpfen. Und ihr Unglücklichsein mit sich selbst, soll nicht auf mich abfärben. Doch ich gebe zu: Dieser Widerstand ist schwer durchzuhalten!

Gegen eine aufgezwungen schlechte Stimmung hilft mir am meisten, etwas Einfaches, Gutes zu tun. Beispielsweise den Hausbesuch bei jemandem, der es wirklich brauchen kann. Oder den Anruf bei einem Menschen, den diese Form der Anteilnahme positiv überrascht. Oder ich gehe auf jemanden zu (das kann auch die Bedienung im Restaurant sein) und spreche ihm ein ehrliches Kompliment aus, schreibe einen überraschenden Gruß, schicke meinen Mitarbeitern eine Dankesmail.

Innerer Widerstand gegen andere Leute und der Versuch, sie mir, anderen oder der Gemeinde gegenüber »gnädig zu stimmen«, erschöpft außerordentlich. Negativ denkende Menschen sind anstrengend. Ich muss ihnen nicht zustimmen, aber es bringt auch nichts, sie aus ihrem Moll in das Dur führen zu wollen. Meine Aufregung über andere sagt mir aber auch immer etwas über die Unruhe und das Aufgeregte, Ungeordnete in mir. Je mehr ich mit mir im Reinen bin, desto weniger rege ich mich über andere auf und desto lieber mache ich meine Arbeit. Versöhnen wir uns mit dem, was ist! Ich ändere gar nichts, wenn ich mich dagegen aufbäume. Ich vergeude nur meine (letzte) Kraft.

Bewusst leben

Was bedeutet »Dienen aus Leidenschaft« angesichts persönlicher Überforderung?

Der Schüler eines Weisen fragte ihn nach seinem Geheimnis: »Was machst du anders, woher kommt deine Ausgeglichenheit?« Darauf antworte ihm der spirituelle Führer: »Wenn ich liege, dann liege ich. Wenn ich sitze, dann sitze ich. Wenn ich gehe, dann gehe ich.« »Das mache ich auch«, erwiderte ihm sein Schüler ungeduldig. »Nein«, antwortete ihm der Meister. »Sondern wenn du liegst, sitzt du bereits. Und sitzt du, bist du schon im Aufstehen begriffen, und wenn du gehst, dann bist du innerlich schon weggerannt.« – Immer dabei, aber nie mit ganzem Herzen.

Was wie Leidenschaft wirkt, kann aus Nervosität und Unruhe geboren sein. Dann haben wir es nicht mit Leidenschaft zu tun, sondern mit Aktionismus. Der Unterschied zwischen Aktionismus und Leidenschaft besteht darin, ob wir ausschließlich mit viel (Zeit- und Arbeits-) Einsatz bei der Sache sind oder zudem mit Hingabe und begleitendem Gebet. Leidenschaft atmet Freude an der Arbeit und an den Fähigkeiten der anderen, Freude am gemeinsamen Ziel und im gemeinsamen Erleben. Hingabe erkennt man daran, ob wir auch dann seelisch und geistlich stabil bleiben, wenn die Arbeit nicht die erbeteten und erhofften Erfolge zeigt. Aktionismus erschöpft dagegen langfristig; es wird wenig gebetet und auf Gott gehört. Bei Misserfolg stellen sich Resignation und eine vorwurfsvolle Haltung gegenüber anderen ein.

Das Abladen üben

Wenn Unruhe in mir aufsteigt und über Tage mein Begleiter bleibt, spätestens wenn meine Frau feststellt, dass ich wieder »so komisch« bin und ich meinen Dienst als Last empfinde, ist es an der Zeit, in mich hineinzuhören. Dann kommt mir oft das Kirchenlied von Paul Gerhardt in den Sinn: »Dem Herren musst du trauen, wenn dir soll's wohl ergehn. Auf sein Werk musst du schauen, wenn dein Werk soll bestehn.« Das Lied hält mich an, mich zu fragen: Wovor habe ich Angst? Manchmal entdecke ich dann, dass ich mich vor einer Aussprache oder der Begegnung mit einem Mitarbeiter fürchte. Ein anderes Mal erkenne ich die in mir mächtige Sorge um meine Kinder. Dann hilft mir das Gespräch mit Gott: Alle Sorgen werft auf ihn! Meist ist es dann aber auch dran, vor Menschen zu meiner Unruhe und Angst zu stehen. Dann zu tun, als sei nichts und ich Herr der Lage, ist fatal. Geteiltes Leid ist halbes Leid!

Ich erlebe Gemeinde dann als besonders stark, wenn ich in meiner Gruppe, im Leitungs- oder Hauskreis von meiner Angst etwas sagen kann und sie im Gebet von jemandem aufgegriffen wird. Haben wir Mut, einander unsere Lasten, unsere Zweifel, unsere Sorge und das Gefühl der Überforderung mitzuteilen! Hören wir auf, immer voreinander stark sein zu wollen. Stehen wir zu unserer Schwäche und bitten wir andere um Gebetsunterstützung. Teilen wir unsere Sorgen und helfen wir einander, sie zu tragen. Und nicht zuletzt: Beten wir in den verantwortlichen Gremien für schwierige Missionen, in die wir Einzelne aus unserer Mitte schicken, damit sie von dort nicht wie geprügelte Hunde zurückkehren.

Der Intuition folgen

Was bedeutet »Dienen aus Leidenschaft«, wenn uns die Zeit nie zu reichen scheint?

Meine Mutter führte einen großen Haushalt mit vier Kindern. Ich erinnere mich aber nicht, dass sie über Zeitmangel klagte. Ich erlebte sie auch nicht aufgeregt, ganz selten überfordert. Stattdessen beeindruckt mich rückblickend ihre Ausdauer und Güte. Meine Mutter hielt nie Vorträge, wie ich es tue, sie führte keine langen Gespräche, meist hielt sie sich im Hintergrund und überließ anderen die Bühne. Wenn ich ihre Art zu arbeiten und zu dienen analysiere, dann springen mir zwei Grundsätze der Zeiteinteilung ins Auge. Keinen dieser Grundsätze hat sie mir je theoretisch erklärt; ich weiß auch nicht, ob sie bewusst danach handelte, aber ich weiß, dass sie jeden Tag entsprechend lebte.

Zupacken!

Wenn die Familie im Chaos versank, viele Gäste im Haus waren, meine Mutter zusätzliche Kinder zur Pflege aufnahm, dann antwortete sie auf unsere verunsicherte Frage, was wann zu tun sei: »Immer das Nächstliegende!« Diesen Rat kann man heute in Bestsellern nachlesen, deren Autoren damit ganz großes Geld verdienen. Häufig ist ja das ganz Einfache genau das Richtige. So paradox es klingt: Manchmal bekommen wir einfach nichts auf die Reihe, weil wir zeitlich überorganisiert sind. Die Erstellung des Zeitmanagement-Plans verschlingt so viel Zeit, dass ich besser einfach das Nächstliegende getan hätte.

Ich muss mich täglich bewusst für die Routinen entscheiden. Getreu nach der Devise: Was du innerhalb von fünf Minuten erledigen kannst, das tu sofort. Die Versuchung, den Routinen auszuweichen und mich nur noch den interessanten Aufgaben zu widmen, ist eine Zeitbombe mit Langzeitzünder. Denn irgendwann muss der viele Kleinkram erledigt werden. Meist ausgerechnet dann, wenn überhaupt kein Platz dafür ist. Weil ich von Natur aus ein Typ bin, der Abwechslung braucht, ist die tägliche Mail-Abfrage (und ihre Beantwortung) ein gutes Übungsfeld für mich, ebenso das fällige kurze Telefonat, die knappe Gesprächsnotiz. Worin meine Mutter eine Meisterin war, bin ich immer noch Anfänger. Fehlt es mir an Zeit, besteht das Problem meist darin, dass ich sie mir nicht richtig einteile.

Ein anderer Grundsatz meiner Mutter galt ihrer täglichen Mittagsruhe. Diese Zeit war ihre Zeit. Uns Kindern kam nicht in den Sinn, sie ihr streitig zu machen. Und überschritten wir diese Grenze doch einmal, fand meine Mutter Worte, sie uns neuerlich klar zu machen. Leidenschaftlicher Dienst ohne regelmäßige Ruhephasen ist unmöglich. Irgendwann können wir nicht mehr weiter, wenn wir unserem Körper nicht Regenerationspausen gönnen. Es gibt die schnell gelebte Zeit, in der wir viel bewegen und bewerkstelligen. Und es gibt die langsame Zeit, in der wir uns ausruhen und erholen müssen. Natürlich ist dieses Bedürfnis unterschiedlich, aber niemand wird ungestraft auf den Rhythmus zwischen Arbeit und Ruhe verzichten können. Wir brauchen beides, um die Leidenschaft wach zu halten.

Auf dem Display der Rudergeräte in meinem Fitnesscenter kann man die zurückgelegte Distanz und Zeit, die Wattzahl und den Kalorienverbrauch ablesen. Neueinsteiger erkennt man hier wie anderswo im Studio sehr bald. Ich zog meine (imaginären) Bahnen auf dem Rudergerät, als ein recht beleibter Mann das Gerät neben meinem in Benutzung nahm. Der Sportsfreund schaute einmal flüchtig herüber und legte sich dann gewaltig in die Riemen. Kurzzeitig hörte ich seinen Atem aus stolzgeschwellter Brust strömen. Doch nach wenigen Minuten verlangsamte sich die Taktzahl seiner Ruderbewegungen zunehmend. Etwas später ruderten wir etwa im Gleichtakt. Noch etwas später war dann der geeignete Augenblick gekommen, meinerseits einen unauffälligen Blick auf sein Display zu werfen und ihm aufmunternd zuzunicken. Sein Schweiß strömte, sein Atem hechelte und seine Pumpe (so vermute ich) raste. Der typische Anfängerfehler ist überhöhtes Tempo! Denn die Dauer der Belastung macht die Last. Hastiger Glaube verausgabt sich. Ausdauernder Glaube findet seinen Rhythmus.

Freiräume schaffen

Den Tag in Arbeit und Entspannung einzuteilen, verhindert, dass er uns zwischen den Händen zerrinnt und wir die Arbeiten liegen lassen, die uns nicht gefallen, die aber auch erledigt werden müssen. Am Ende eines Tages (oder zwischendurch) muss auch Zeit für mich da sein. Dafür will ich sorgen. Dazu gehört auch, den uns nahe stehenden Menschen die ihnen gebührende Zeit zu widmen. Ihnen gegenüber in Zusagen und Absprachen verlässlich zu sein ist ein Zeichen von Wertschätzung.[14]

Neben solchen groben Strukturen und Ordnungen braucht es im Tagesablauf und Wochenplan ein Zeitpolster, um auf Unvorhergesehenes reagieren zu können. Viel zu oft packen wir uns den Tag und die Woche so voll, dass unvorhersehbare Ereignisse kleine Katastrophen auslösen und als persönliche Angriffe auf unseren (erschöpften und ruhebedürftigen) Körper empfunden werden. Skepsis ist angebracht, wenn wir meinen, mit weniger Arbeitseinsatz und ehrenamtlichem Engagement käme der innere Rhythmus automatisch wieder in den Gleichtakt.[15] Das geschieht nur dann, wenn die gewonnenen Freiräume so genutzt werden,

---

[14] Wir wünschen uns vertraute Gemeinschaft mit dem Partner, den Kindern und Freunden. Doch oft investieren wir in diese Beziehungen nicht genügend. Handeln wir dauerhaft entgegen besserer Einsicht, brennen wir damit einen Hohlraum in unsere Seele. Es entsteht ein Vakuum, in das dann leicht Sünde einströmt. Was dann dem einen übermäßiger Alkoholkonsum ist, ist dem anderen der Besuch zweifelhafter Internetseiten, die üble Nachrede, das übermäßige oder zu wenige Essen, die Vernachlässigung des eigenen Äußeren.

[15] Unter Langzeitarbeitslosen findet sich eine nicht geringe Zahl von Burnout-Patienten. Physische Entlastung führt nicht unbedingt zu einem Erholungsgewinn, weil Tatenlosigkeit ein anderes menschliches Grundbedürfnis unberücksichtigt lässt: den Wunsch nach Sinn und sinnvollem Tun. Das Gefühl der Nutzlosigkeit stresst die Seele in hohem Maße. Darum ist es empfehlenswert, so genannte Auszeiten vom Beruf oder die Unterbrechung bzw. Beendigung einer ehrenamtlichen Mitarbeit durch flankierende Gesprächsangebote zu begleiten. Kann dies nicht sichergestellt werden oder wird diese Unterstützung abgelehnt, sind die unfruchtbaren Ergebnisse meist voraussehbar.

dass wir damit unsere Persönlichkeit stützen. Nur Freizeit oder mehr Freizeit schafft nicht automatisch einen Erholungswert.

Gemeinden, die erschöpfte Mitarbeiter in unabsehbare Auszeiten entlassen und dabei den Zusammenhang von sinnvoller Beschäftigung, Bestätigung und Gemeinschaftserfahrung außer Acht lassen, verlieren sie meist dauerhaft. Und was noch schlimmer ist: Die ehemaligen Mitarbeiter lenken tendenziell ihre verstärkte Enttäuschung nach außen in Schuldzuweisungen um. Nicht selten gerät dann die Gemeinde ins Schussfeld der Angriffe, was dem Gesamtsystem freiwilliger Mitarbeit natürlich schadet.

Meiner Berufung folgen

Die allgemeine Berufung

»Für Ignatius von Loyola beinhaltet jede Begegnung mit Gott ein ›Gott will mich‹, aber auch ein ›Gott will meinen Dienst‹.«[16] Das bedeutet:

1. Gott beansprucht unser Leben. Sein Ruf ist, wie das Gleichnis vom großen Festmahl (Lukas 14,15-24) verdeutlicht, keine unverbindliche Einladung. Aber sie kommt auch keinem despotischen Zwang gleich. Wir können Gottes Ruf das Gehör und die Gefolgschaft verweigern (Jesaja 65,12; Jeremia 13,10). Solche Ablehnung hat allerdings verhängnisvolle Konsequenzen.
2. Gottes Berufung fordert Gehorsam und Leidensbereitschaft. Gottes Berufung ist das Mittel, mit dem er Menschen zu Werkzeugen seines Willens macht (1. Petrus 2,20-23; 3,9). In Jesu Leben findet das seinen unüberbietbaren Ausdruck.
3. Paulus betont bei der Berufung zum Glauben Gottes erwählendes Handeln am Menschen. In diesem Sinne bezeichnet er sich nicht nur als Apostel, sondern als »berufenen« Apostel durch Jesus Christus (Römer 1,1). Neben dem Erwählungshandeln Gottes hat die Berufung zum Glauben bei Paulus
   a) einen ethischen Aspekt, weil wir mit Gottes Erwählung unter seinen Herrschaftsbereich gekommen sind,
   b) einen Gemeinschaftsaspekt, weil Gott uns in die Beziehung untereinander hineingestellt hat und
   c) einen gemeindlichen Aspekt, weil uns Jesus mit dem Glauben und der Taufe in seinen Leib eingliedert.

---

[16] Michael Schneider, Theologie als Nachfolge, S. 95

Die spezielle Berufung

Mit unserer speziellen Berufung verfolgt Jesus eine Absicht und ein Ziel (Jesaja 42,1-6; 49,1-4). Sie ist an unseren Geistesgaben ausgerichtet, die wir von Christus empfangen haben.[17] Wie bei der allgemeinen Berufung ist auch bei der speziellen Berufung unsere (fortgesetzte) Begegnung mit Jesus entscheidend. Denn nicht biblische Buchstabenerfüllung vermittelt uns eine Vision für unser Leben und Handeln, sondern, dass wir im Einklang mit unserem »inneren Menschen« handeln, der von Gottes Geist geprägt und geführt wird. Und nicht das Amt, zu dem wir berufen sind, verleiht unserem Dienst seine Autorität, sondern, dass wir uns an Gottes Wort binden und unseren konkreten Auftrag gut und gewissenhaft ausüben. Einzelnormen können wir erfüllen, ohne dass unser Herz Gott gehört und ohne dass uns eine Berufung leitet. Jesusnachfolge zeichnet sich jedoch dadurch aus, dass wir bereitwillig und gehorsam Jesu Worten folgen. Gott selbst wird uns einfach faszinieren, wenn wir uns ihm überlassen. Christus um seiner selbst willen ist uns nun wichtig. Solcher Glaube verleiht eine ungeahnte Freiheit.

Die Gewissheit der Berufung

Die Gewissheit meiner speziellen Berufung ist für mich nicht so sehr an eine Erfahrung in der Vergangenheit geknüpft oder an ein bestimmtes Datum, sondern vielmehr mit dem verbunden, was ich heute tue. Meine Berufung zum Pastor und Verkündiger des Evangeliums ist stärker in meiner Tauferfahrung verankert als in meinem Berufungserlebnis. So wie ich einmal und ein für alle Mal getauft bin, so gewiss muss ich (wie Luther es sagt) täglich neu unter meine Taufe kriechen. Und wie mir Gott einmal ein Berufungsereignis schenkte und ich in meinen Dienst eingesegnet wur-

[17] Jede individuelle Geistesgabe verbindet sich nach Paulus mit einer konkreten Aufgabe zum Nutzen anderer (1. Korinther 7,22).

de, bleibt dies in meinem Leben nur gegenwärtig, indem ich es täglich neu als Nachfolge Jesu begreife. Auf diese Weise weicht die Ungewissheit, ob ich am richtigen oder falschen Platz stehe. Ich fühle mir darüber nicht täglich den Puls – wichtig ist, dass ich Gott gehöre.

Tatsächlich stehen wir immer schon an Gottes Sache, wo immer wir uns auch aufhalten. Es ist deshalb nicht wahr, dass uns das ganz normale Leben davon abhält, Gott zu lieben und ihm zu dienen. Wahr ist, dass wir ihm häufig den Gottesdienst des Alltags verweigern, weil wir diesen Dienst des Alltags gering achten. Doch Gott gehören wir in allem Tun und zu jeder Zeit: im Büro, bei der Hausarbeit, bei der Kindererziehung, beim Rasenmähen, im Urlaub, im Ehebett, als Single, im Fußballstadion wie in der Gemeinde. Unsere Berufung durch Gott macht sich nicht am besonderen Erleben oder der Bedeutsamkeit unseres Dienstes fest, sondern an unserer Treue dem Alltäglichen gegenüber. Christus begegnen wir durch Ausübung unserer Gabe(n), die uns geschenkt wurde(n), als wir den Heiligen Geist empfangen haben.

Meine Berufung

Etwa fünfzehn Jahre nach meinem persönlichen Berufungserlebnis habe ich meine Berufung durch Gott, wie ich sie heute verstehe, formuliert. Diese Definition fand ich nicht durch ein besonderes Erlebnis oder eine Eingebung. Sie entstand vielmehr aus der Reflexion und aufgrund meiner bisherigen Erfahrungen, die ich mit Gott gemacht habe. Ich verbinde mit meiner Berufung keine geistliche Vision für Land, Volk oder Gemeinde. Schließlich hat meine Berufung für mich keinen dogmatischen oder überzeitlichen Charakter. Was mir daran wichtig ist, ist die Ordnung meiner Beziehungen und Prioritäten gegenüber Jesus, meinen Mitmenschen und mir selbst. Ich formulierte: »Meine Berufung ist es, Gott zu gehören, meine Familie zu lieben und der Gemeinde Jesu zu dienen.« Das liegt nun, wie gesagt, schon Jahre zurück, aber diese Formulierung ist für mich noch immer maßgebend.

Gott gehören

Zunächst hatte ich formuliert, es sei meine Berufung, Gott zu lieben. Das ist nahe liegend, denn davon spricht die Bibel an vielen entscheidenden Stellen, wenn es um das Verhältnis des Menschen zu Gott geht. Aber weil ich um meine Stimmungsschwankungen in puncto gefühlter Liebe zu Gott weiß, habe ich mein Berufungsverständnis nicht an einen emotionalen Begriff gebunden. Anders als in unserem abendländisch geprägten Denken ist das (liebende) Herz im hebräischen Sprachgebrauch nicht vorrangig der Sitz der Gefühle, sondern des Verstandes und des Willens. Gott gehören kann ich in diesem Sinne auch dann, wenn ich nichts fühle, was mich zu ihm hinzieht. Jesus gehören nimmt mich in die Pflicht gegenüber Gottes Willen, seinem Gebot und Wort. Der Anspruch Gottes an mich ist: »Du sollst mir ganz gehören!« – mit meinem Denken, meinem Fühlen und meinem Handeln. Was Gott mit anderen vorhat, soll mir darum nichts bedeuten, und darüber habe ich auch nicht zu urteilen. Ich möchte erkennen, was Jesu Ziele für mich sind.

Meine Familie lieben

Meine Berufung ist es aber ebenso, meine Familie zu lieben. Hier finde ich den empathischen Begriff treffend. Meiner Frau und meinen Kindern gehöre ich nicht. Ihnen gegenüber bin ich so frei, wie sie es mir gegenüber sind. Aber meine Liebe darf ich ihnen niemals entziehen. Das ist mir darum besonders wichtig, weil mein Beruf mich dazu verführen kann, mein eigenes Ansehen an das der Kinder oder meiner Frau zu binden. Aber sie sollen und können ihre Entscheidungen ohne Rücksicht auf mein Ansehen und Beruf treffen. Das Leben meiner Frau und meiner (erwachsenen) Kinder gehört ihnen. Dafür sind sie nicht mir, sondern sich selbst und Gott verantwortlich. Für sie zu beten ist mein Auftrag, der mir mit den Jahren immer deutlicher wird.

Der Gemeinde Jesu dienen

Beruflich bin ich zuallererst meinem Arbeitgeber und meiner Ortsgemeinde verpflichtet, rechtlich, moralisch und geistlich. Aber die Gemeinde Jesu ist mehr als das. Als ich mit Jesus über seine Berufung für mich sprach, eröffnete sich mir ein unerwartet weiter ökumenischer Raum. Weil ich meinen Dienst für Christus an keinen Ort und an keine Konfession binden muss, habe ich viel von der Größe seiner Gemeinde gelernt. Darum schreibe ich beispielsweise dieses Buch, ohne ein schlechtes Gewissen meiner Ortsgemeinde gegenüber zu haben. Wenn ich meine Arbeit mangelhaft ausübe, werde ich dort mit Recht zur Rede gestellt. Aber die mir von Gott geschenkten Gaben sind nicht auf den Radius meines Dienstortes beschränkt. Ich bin den Menschen der Gemeinde und meiner Gemeindeleitung dankbar, dass sie mich freistellen für Aufgaben auf Gottes Acker, die etwas abseits des eigenen Hofes liegen.

Himmlische Kondensstreifen

In den blauen Himmel eines kalten Januarmorgens malt ein Flugzeug seinen Kondensstreifen. Das weckt Urlaubsgefühle und ist schön anzusehen. Aber niemand wird sagen, ein Flugzeug sei dazu da und gebaut, Kondensstreifen in den Himmel zu malen. Sie sind nicht das Ziel eines Fluges, sondern seine Folge. Vergleichbar zieht der Glaube an Christus in meinem Leben sichtbare Wirkungen nach sich. Aber meine Daseinsberechtigung liegt nicht in den Wirkungen, die ich hinterlasse. Diese Einsicht schützt vor Selbstüberforderung.

Wenn das Flugzeug schon nicht mehr erkennbar ist, sehen wir noch immer den Streifen am Himmel. Ist das Flugzeug weiter geflogen, löst sich der Kondensstreifen langsam auf. Eine Zeit lang bleibt die Folge des Flugs sichtbar, aber dann verflüchtigt sie sich. Ebenso ist es mit dem Glauben und seiner Frucht. Die Frucht unseres Lebens mit Jesus hat eine zeitlich begrenzte Wirkung. Wir hinterlassen Spuren, die wieder schwinden. Darüber sind wir zuweilen sehr enttäuscht. Lohnt sich denn aller Einsatz, wenn am Ende doch nichts bleibt? Jesus hat keine Kosten-Nutzen-Rechnung aufgestellt, als er kam, um uns zu dienen. Die Menschen damals machten ihre Türen vielfach vor ihm dicht. Menschen heute verschließen sich seiner Liebe ebenfalls. Das kenne ich auch von mir. Hört Jesus darum auf, mich zu lieben? Niemals! Unsere Frucht vergeht. Glaube ist auch der innere Kampf, sich damit einverstanden zu erklären. Wer möchte, dass seine Frucht heller leuchtet als der König selbst, und sei es mit der Aufschrift: »Alles für den Herrn!«, der will nur noch Rebe sein, aber nicht mehr am Weinstock.

Denkmäler des Glaubens?

Als ich zu schreiben begann und Artikel und Bücher von mir veröffentlicht wurden, war das sehr aufregend. Ich war damals einem inneren Eindruck gefolgt und sandte einer Redaktion ungefragt einen Artikel zu. Hocherfreut fand ich ihn wenig später als Leitartikel abgedruckt. Ich sah mich in dem von mir empfundenen Ruf Gottes bestätigt. Bald folgten eine ganze Reihe weiterer Veröffentlichungen in verschiedenen christlichen Magazinen und schließlich erschien mein erstes Buch. Bis heute habe ich Freude am Schreiben und noch immer ist für mich dabei der Eindruck leitend, dass dies in Gottes Sinn ist. Doch ich durchlebte auch eine Phase, in der ich zunächst uneingestanden darum bemüht war, mir eine Art geistliches Denkmal zu setzen. Das Schreiben wertete mein Selbstwertgefühl auf – was an sich weder verwunderlich noch ungeistlich war. Aber der Wunsch, von Menschen beachtet und anerkannt zu sein, schob sich zunehmend in den Vordergrund. Mir wurde bewusst, dass ich mir einen Platz im Herzen von Menschen erobern wollte. So schrieb ich nicht mehr unter dem Eindruck, von Jesus dazu berufen zu sein, sondern stand in der Gefahr, nur noch »Meterware« zu produzieren. Ich muss gestehen, dass mich diese Anfechtung auch im pastoralen Kerngeschäft mit zunehmender beruflicher Routine immer stärker bedrängt.

Die Rebe am Weinstock

»Ich bin der wahre Weinstock, und mein Vater ist der Weinbauer. Er entfernt jede Rebe an mir, die keine Frucht bringt; aber die fruchttragenden Reben reinigt er, damit sie noch mehr Frucht bringen. Ihr seid schon rein geworden durch das Wort, das ich euch verkündet habe. Bleibt mit mir vereint, dann werde auch ich mit euch vereint bleiben. Nur wenn ihr mit mir vereint bleibt, könnt ihr Frucht bringen, genauso wie eine Rebe nur Frucht bringen kann, wenn sie am Weinstock bleibt.

Ich bin der Weinstock, und ihr seid die Reben. Wer mit mir verbunden bleibt, so wie ich mit ihm, bringt reiche Frucht. Denn ohne mich könnt ihr nichts ausrichten. Wer nicht mit mir vereint bleibt, wird wie eine abgeschnittene Rebe fortgeworfen und vertrocknet. Solche Reben werden gesammelt und ins Feuer geworfen, wo sie verbrennen. Wenn ihr mit mir vereint bleibt und meine Worte in euch lebendig sind, könnt ihr den Vater um alles bitten, was ihr wollt, und ihr werdet es bekommen. Die Herrlichkeit meines Vaters wird ja dadurch sichtbar, dass ihr reiche Frucht bringt und euch so als meine Jünger erweist.

So wie der Vater mich liebt, habe ich euch meine Liebe erwiesen. Bleibt in dieser Liebe! Wenn ihr meine Gebote befolgt, dann bleibt ihr in meiner Liebe, so wie ich die Gebote meines Vaters befolgt habe und in seiner Liebe bleibe. Ich habe euch dies gesagt, damit meine Freude euch erfüllt und an eurer Freude nichts mehr fehlt.«

Johannes 15,1-11

Ist die Rebe mit dem Weinstock verbunden, wird Frucht sichtbar. Die Rebe lebt vom Weinstock, weil sie an ihm hängt. Diese Verheißung gilt mir. Es ist ein Bild der Freude, des Lebens. Wenn ich jedoch in meinem Leben keine sichtbare Frucht erkennen kann, bin ich versucht, das Gleichnis Jesu auf eine theoretische Ebene zu heben: Was ist wichtiger, der Glaube oder das Handeln? Schlicht ausgedrückt, geht es dabei um die Frage, ob das Huhn vor dem Ei oder das Ei vor dem Huhn da war. Dieser unsinnige Gedanke verdirbt das Bild Jesu. Denn Jesu Gleichnis spricht nicht von der Alternative Glaube oder Frucht, sein Bild fügt vielmehr beides fest zusammen. Am Weinstock hängt die Rebe, und die trägt Frucht. Das ist eine Feststellung, kein Diskussionsthema. Kein unsicheres Fragen, sondern feste Überzeugung: Der König der Ehre ist in mein Leben eingezogen! Ich muss mich deswegen nicht um meine Frucht sorgen, sondern darum, ihm alle Zimmer aufzuschließen, in denen sich mein Leben gestaltet.

Wohnungseigner und Wohnungsnutzer

Niemand zieht in eine Wohnung ein, wenn er dort nicht wohnen will. Das mögen Snobisten tun, aber normal ist das nicht. Wer eine Wohnung bezieht, will sich dort aufhalten. Wenn also Jesus durch den Heiligen Geist in mir wohnt, liegt auf der Hand, was er damit bezweckt. Früher gab es Weihnachtszimmer, die gute Stube, die nur zu hohen Festtagen oder sonntags benutzt wurde. Das war feierlich. Das war auch praktisch, denn wo man nicht wohnte, musste nicht geheizt werden, und das sparte Kosten, denn die Menschen waren arm. In der Christusbeziehung sollen wir nicht nur ein Türchen auftun und ein anderes dafür schließen. Jesus möchte, dass ihm alle Türen unseres Lebens offen stehen. Ist das für einen Wohnungsnutzer nicht natürlich und selbstverständlich?

Dabei hat und behält jede Wohnung eine individuelle Note. Sie erzählt etwas von unserer Geschichte. So ist es auch, wenn Jesus durch den Heiligen Geist bei uns einzieht. Der Raum in mir, den er bewohnt und gestaltet, gleicht dem Lauf meines Lebens, meinen Charakterzügen, Veranlagungen, Stärken und Schwächen. Jeder Christ ist ein Appartement Gottes!

Merksätze

- *Wir sind Gottes Ruf. Das ist unsere Berufung! Sie lässt uns nicht mehr auf das sehen, was es uns bringt, an Jesus zu glauben, und macht uns unabhängig vom Erfolg unseres Tuns oder unserer Stimmungslage.*
- *Es ist nicht entscheidend, ob wir Jesus spüren. Entscheidend ist, dass Jesus in uns ist!*
- *Berufung bedeutet Ordnung unserer Prioritäten.*
- *Der Glaube an Christus hinterlässt in unserem Leben erkennbare Wirkungen. Aber sie begründen unser Christsein nicht.*
- *Dass der Glaube Frucht trägt, ist kein biblisches Diskussionsthema, sondern eine Feststellung Jesu.*

Auf Kurs bleiben

Fitnesstest für den geistlichen Ausdauerlauf

Wenn ich mich nur noch jenseits der eigenen vier Wände lebendig fühle, dann läuft etwas verkehrt.
Ist zu Hause das Gefühl bestimmend, nicht anerkannt und geschätzt zu werden, dann wächst allmählich die Neigung zu Überstunden. Aber mehr Firma weckt in der Familie noch mehr Frust, weniger Arbeit, Ehrenamt und Gemeinschaft dämpft das Selbstwertgefühl. Am ehrenamtlichen Engagement entfacht sich deshalb häufig Streit zwischen Partnern. Manchmal mit der Konsequenz, dass die freiwillige Mitarbeit eingestellt wird. Zur Überraschung vieler Paare verändert sich dadurch jedoch die Qualität ihrer Beziehung und des Familienlebens nicht.

- Wenn ich merke, dass ich in die Arbeit flüchte, muss ich mir über meine Werte, Maßstäbe und Einstellungen Rechenschaft geben.

Wenn ich mich in meiner ehrenamtlichen Mitarbeit anhaltend überlastet fühle, dann läuft etwas verkehrt.
In vielen Gemeinden lassen sich fast nur noch projektbezogen Mitarbeiter gewinnen. Möglicherweise ist das auch ein Hinweis darauf, dass sich immer weniger Männer und Frauen zutrauen, »Ja« und »Nein« zu sagen, Konflikten standzuhalten und sich abzugrenzen. Fühlen wir uns dann in unserem freiwilligen Engagement anhaltend ausgenutzt, wandern wir in die Blockade ab. In der Folge wird die Arbeit schwerfällig, Probleme tauchen auf, wo keine sein müssten. Wir haben das Gefühl, gelebt zu werden, und reagieren störrisch. Je nach Konstitution entziehen wir uns dieser

Situation früher oder später. Um wieder in den »grünen Bereich« zu gelangen, genügt es aber zumeist nicht, ein paar Tage zu pausieren. Denn bald droht die Tretmühle erneut. Langfristigen Erfolg versprechen eine verbesserte Aufgabenverteilung, ein ehrlicher Austausch über die bestehende Situation und eine Begleitung, die persönliche Interessen fördert. Vor allem aber müssen wir uns anderen gegenüber erklären.

- Überlastungserfahrungen erfordern, frühzeitig Position zu beziehen.

Wenn der Glaube immer weniger mein Leben durchdringt und er sich stattdessen immer mehr in einen religiösen und einen weltlichen Aspekt aufteilt, dann läuft etwas verkehrt.
Nachfolge ist mehr als die Erfüllung religiöser Verpflichtungen und das Einhalten von Geboten! Christus verspricht, sein Licht immer in uns leuchten zu lassen. Bemühen wir uns deshalb nicht, in unseren alltäglichen Beschäftigungen besonders christlich zu sein. Gelebter Glaube unterscheidet sich nicht durch die Orte, an denen wir uns aufhalten, und er passt sich auch nicht bestimmten Verhältnissen, Aufgaben oder Berufen an. Christen sind wir immer und überall!

- Wenn der Glaube dem Alltag nur noch hinzugefügt wird und nicht mehr in ihn integriert ist, schwindet er.

Wenn ich mich in meiner Kreativität und Freude gelähmt fühle, dann läuft etwas verkehrt.
In der Gemeindeöffentlichkeit kann man sich zu einem christlich-angepassten Verhalten zwingen. Darum ist die Gemeinde häufig nicht der Ort, an dem wir aufatmen, sondern uns unter vielfacher Beobachtung fühlen. Halten wir uns dagegen vor Augen, dass es in der Christusbeziehung nicht vorrangig auf uns ankommt, verlieren Menschen und Konventionen ihre Macht über uns. Ent-

scheidend ist, dass ich mich Jesus mit Herz, Kopf und Händen anvertraue.

- Christlicher Gehorsam muss nicht gleichbedeutend sein mit den Erwartungen, die andere an uns richten. Das bedeutet allerdings auch nicht, dass sie uns gleichgültig sein sollen.

Wenn meine Außendarstellung Vorrang vor meiner inneren Überzeugung hat oder ich mir selbst nicht gut genug bin, dann läuft etwas verkehrt.
Sorgfältig darauf zu achten, sich nirgends eine Blöße zu geben, und dauernd bemüht, unentdeckt zu bleiben, ist eine der Hauptursachen für das Ausbrennen. Es nimmt dort seinen Anfang, wo wir geistliche Standards propagieren, denen wir selber nicht genügen. Alles an dieser zur Schau gestellten Rechtfrömmigkeit ist irgendwann nur noch anstrengend. Wir wachsen in ein Klima hinein (und nähren es selbst), in dem jeder versucht, in den Augen der anderen gut dazustehen. Dieses Rollenspiel vorgeblicher Fehlerlosigkeit verschleißt viel Energie und höhlt die christliche Gemeinschaft aus.

- Das Bemühen, unseren Glauben als vorbildlich und reich erscheinen zu lassen, überdauert auftauchende Krisen nicht.

Wenn ich mich nicht wehren kann, läuft etwas verkehrt.
Gewinnen andere Menschen übergroßen Einfluss auf uns, hat dies oft mit unbewussten und unerfüllten eigenen Bedürfnissen zu tun. Manipulierender Einflussnahme können wir nur standhalten, wenn wir uns unserer Verletzlichkeit zuwenden. Beispielsweise muss uns nicht alle Welt (und die ganze Gemeinde) lieben; andere dürfen auch mal böse auf uns sein. Geben wir ihnen die innere Erlaubnis dazu, verlieren ihre Kritik und Herrschaft an Gewicht. Schlucken wir unseren Ärger jedoch nur herunter, erschöpft das unser Innerstes. Vor allem aber gilt es zu vergeben!

Der Wille, zu vergeben und auf Rache zu verzichten, ist der beste Dienst, den wir unserer Seele tun können.

- Der Weg zur Vergebung ist unerlässlich. Er verläuft aber nie ohne starke Gefühle wie Enttäuschung, Ärger und Anklage.

Wenn mir meine eigenen Gefühle bedrohlich sind oder ich keinen Zugang zu ihnen habe, dann läuft etwas verkehrt.
In der Regel bewerten wir unsere Gefühle und unterscheiden zwischen guten und schlechten, erlaubten und verbotenen. Zornigsein wird deshalb meist abgelehnt. Dabei können uns intensive Gefühle beste Verbündete sein. Sie sind eine Kraftquelle für unser Handeln. Beispielsweise will uns die Angst vor Schaden schützen. Und was uns wütend macht, verleiht uns die Kraft zu mutigem Widerspruch gegen Ungerechtigkeit. Emotionen sind uns gegeben, um kreativ sein zu können und Hindernisse und Widerstände zu überwinden. Mächtige Gefühle können allerdings auch sehr zerstörerisch sein. Haben nicht wir Gefühle, sondern haben die Gefühle uns, sind wir ihnen ausgeliefert. Als Reaktion darauf beargwöhnen und unterdrücken wir sie noch mehr, bis sie schließlich ungehemmt aus uns hervorbrechen.

- Gefühle sind eine Gabe und Aufgabe Gottes. Überrollen uns die eigenen Emotionen, haben wir sie möglicherweise nicht angenommen, sondern immer wieder zurückgedrängt.

Wenn ich überzeugt bin, mehr sei in jedem Fall besser als weniger, dann läuft etwas verkehrt.
In den zurückliegenden sechzig Jahren war unser Land von einem stetigen wirtschaftlichen Wachstum geprägt. Parallel dazu wuchsen auch die Ansprüche. Unmerklich etablierte sich im Privaten wie in den Gemeinden eine Erwartungshaltung des »Mehr«: mehr Glaube, Besitz, Ansehen und Einfluss. Mehr Wissen, Erfahrung und Erleben, mehr Abwechslung, Qualität und Freizeit. Damit

verbunden wuchs ständig der Aufwand, den die Ideologie des »Mehr ist besser« fordert. Mehr Termine, mehr Hast, mehr Erfolgsdruck, mehr Vergleichs- und Anspruchsdenken. Mit einem Wort: Wir erschöpfen uns über dem Wunsch, mehr vom Leben und Glauben haben zu wollen. Doch wenn ich mir zu viel zumute und zu viel will, schadet mir diese Überforderung zuallererst selber. Eine grundlegende Veränderung ist nur möglich, wenn ich bewusst verzichte.

- Welches Maß ist mir gesetzt und welches habe ich gefunden? Was bedeutet es für mich, zuerst nach Gottes Reich und seiner Gerechtigkeit zu trachten und darüber alles zu empfangen, dessen ich bedarf? (Matthäus 6,33)

Wenn ich immerzu meine Zeit manage, um jede Stunde des Tages optimal zu nutzen, dann läuft etwas verkehrt.
Die Klage über zu wenig Zeit ist weit verbreitet. Manches davon geht auf eine ungenügende Organisation zurück. Wertvolle Zeit verstreicht ungenutzt, Zeitinvestition und Wertschöpfung stehen in keinem guten Verhältnis zueinander. Eine planvolle und durchdachte Zeiteinteilung kann hier viel bewirken und schafft zudem Freiräume zur Regeneration unserer Kräfte. Das Bemühen um optimale Ausschöpfung des Zeitbudgets kann die negativen Effekte jedoch auch zusätzlich verstärken. Gegen die Uhr zu arbeiten wird dann zu einem der größten Stressfaktoren. Immer stärker formt sich der Eindruck, den an uns gestellten Anforderungen nicht mehr zu genügen. Dass jeder Augenblick von uns genutzt werden will, befördert irgendwann das ungute Empfinden, persönlich zu kurz zu kommen. Gleich einer überdehnten Feder, die nach der Entlastung nicht mehr in ihren Ursprungszustand zurückkehren kann, minimiert stetig gesteigerte Effektivität die Zeiten, in denen wir tatsächlich entspannen und ausruhen können.

- Bernhard von Clairvaux schreibt: »Ich bin wütend über all die Dinge, die mich beanspruchen (...) Darunter leide ich häufig.

Und deshalb bin ich häufig wütend.«[18] Qualitative Ruhe ist mehr als terminfreie Zeit!

Wenn ich mein Leben mit Christus durch ein formales oder intellektuelles Regelwerk bewältigen will, läuft etwas verkehrt.
Wenn wir die Anforderungen an uns selbst und andere absolut setzen, wird der Glaube zum Werk und verliert den Charakter des Geschenkes. Formal gelebter Glaube ist krisenanfällig, weil er nicht mehr Gott sucht und Christus meint, sondern Sicherheit, Kontrolle und Überlegenheit anstrebt. Ähnlich unfruchtbar wirkt sich die Suche nach der reinen, wahren Lehre aus. Rechthaberei ermüdet den Glauben. Daraus lässt sich keine Inspiration und Erfrischung gewinnen. Irgendwann empfinden wir stattdessen nur noch Langeweile, Stillstand und Desinteresse. Erfahrungen mit Gottes Geistwirken werden selten. Zunehmend verlieren wir die Bereitschaft, uns auf Herausforderungen Gottes und seines Wortes einzulassen. Das geistliche Feuer erlischt.

- Was würde sich verändern, wenn Glaube nicht formell, sondern wirklichkeitsnah wäre, nicht idealistisch, sondern konkret, nicht routiniert, sondern leidenschaftlich?

Wenn ich denke, dass es einzig und allein auf mich ankommt, dann läuft etwas verkehrt.
Was wir können und auf die Beine stellen, ist nicht in eins zu setzen mit dem, was wir sind. Verknüpfen wir unser Selbstwertgefühl mit unseren Erfolgen oder Misserfolgen, unterliegt es einem ständigen Auf und Ab. Im Ergebnis werden wir nicht nur um Perfektion kämpfen, sondern Mitarbeiter als Konkurrenten erleben. Die Fähigkeiten, die Christus anderen geschenkt hat, werden uns nicht erfreuen, sondern bedrohlich erscheinen. Statt des

[18] Michael Schneider, Theologie als Nachfolge, S. 45

biblischen Ergänzungsprinzips findet dann das weltliche Verdrängungsprinzip seine Fortsetzung inmitten der Gemeinde.

- Jesus sagt den begeistert zurückgekehrten Jüngern: »Freut euch nicht darüber, dass euch die Geister untertan sind, freut euch vielmehr, dass eure Namen im Himmel aufgeschrieben sind« (Lukas 10,20).

Wenn ich immer gut drauf sein will, läuft etwas verkehrt.
In der Mystik galten Entbehrungen als begrüßenswerte Erfahrungen, in denen Gott dem Menschen auf dem Weg der Nachfolge entgegen kam. Einsamkeit, Schweigen, Scheitern, innere Leere, Armut und Nichtwissen, Ehelosigkeit und Krankheit – heute sind das keine erstrebenswerten Erfahrungen mehr. Der verborgene Gott steht unter Verdacht, der nichtexistente Gott zu sein. Mit dem Neuen Testament müssen wir wieder den Abstand zum eigenen Ego lernen: Die Liebe bläht sich nicht auf. Die Liebe sucht nicht das Ihre, sie ist nicht rechthaberisch, sie lässt sich nicht erbittern (1. Korinther 13,4ff). Unser Ego macht es genau umgekehrt. Es will immer mehr für sich haben, es macht sich breit und groß. Es missbraucht andere zum eigenen Zweck. Es ist nie satt und nie zufrieden. Das alles ist das Gegenteil von Erlösung.

- Jesus hat die Welt nicht schöner und harmonischer gemacht. Er hat sie erlöst!

10 Jahre
AUFATMEN
GOTT BEGEGNEN – AUTHENTISCH LEBEN
www.bvzeitschriften.de • Tel: 0180-1999000 • abo@bundes-verlag.de